Fouzieh Melanie Alamir

Ein blinder Fleck in der interkulturellen Debatte

Fouzieh Melanie Alamir

Ein blinder Fleck in der interkulturellen Debatte

Sozio-ökonomische und ordnungspolitische Prägungen von Kultur am Beispiel Pakistans

Trainerverlag

Imprint
Any brand names and product names mentioned in this book are subject to trademark, brand or patent protection and are trademarks or registered trademarks of their respective holders. The use of brand names, product names, common names, trade names, product descriptions etc. even without a particular marking in this work is in no way to be construed to mean that such names may be regarded as unrestricted in respect of trademark and brand protection legislation and could thus be used by anyone.

Cover image: www.ingimage.com

Publisher:
Der Trainerverlag
is a trademark of
International Book Market Service Ltd., member of OmniScriptum Publishing Group
17 Meldrum Street, Beau Bassin 71504, Mauritius
Printed at: see last page
ISBN: 978-620-0-76977-0

Inhaltsverzeichnis

Sind wir strukturblind in der interkulturellen Debatte?

Ein blinder Fleck

Alle, die regelmäßig im Arbeitskontakt zu Menschen mit Migrationshintergrund[1] oder zu ausländischen Schutzsuchenden stehen, kennen das. Im täglichen Miteinander kommt es immer wieder zu einem gegenseitigen Gefühl von Fremdheit, Verständigungsschwierigkeiten oder Konfliktsituationen. Das kann verschiedene Ursachen haben. Zum einen sind es vordergründige Herausforderungen wie Sprachbarrieren, unterschiedliche Kommunikationsmuster, Unterschiede im Verständnis von Hierarchie, Nähe und Distanz oder Geschlechterrollen. Zum anderen kann das in der Asymmetrie der Arbeitsbeziehungen liegen, wie etwa zwischen Behördenvertreter*innen (Leistungsgebende) und ihrer Klientel (Antragstellende/ Leistungsempfangende). Auch können Unterschiede in der Lebenssituation eine Rolle spielen, die sich aus Arbeitsbegegnungen selten ausklammern lassen und Perzeptionen auf beiden Seiten mitbestimmen. So können einerseits Sicherheit und Vertrautheit mit dem kulturellen Umfeld, Sprachkompetenzen sowie Regel- und Verfahrenskenntnisse auf Unsicherheit treffen, die aus einem ungewissen Aufenthaltsstatus, fehlender Orientierung, Existenzsorgen, Einsamkeit oder dem Gefühl fehlender Zugehörigkeit resultieren. Nicht zuletzt können Fremdheit, Verständigungsschwierigkeiten oder Konflikte durch tiefer liegende sozioökonomische und ordnungspolitische Prägungen beider Seiten

1 Wenn im Folgenden von Menschen mit Migrationshintergrund oder Migrant*innen die Rede ist, sind nicht jene Bürger*innen gemeint, die in Deutschland mit einem dauerhaften Aufenthaltsstatus etabliert sind, hier arbeiten bzw. über ein regelmäßiges Einkommen verfügen, hinreichend Deutsch sprechen, mit dem hiesigen Leben vertraut sind und sich in dieser Gesellschaft in einem breiten Radius mit Handlungssicherheit bewegen, sondern jene, die noch am Anfang dieses Prozesses stehen, für die der Lebens- und Arbeitsalltag immer noch viel Fremdes birgt und deren Radius, innerhalb dessen sie sich in Deutschland mit Handlungssicherheit bewegen, noch begrenzt ist.

begründet sein, die meist unbewusst politisch-kulturelle und arbeitskulturelle Haltungen formen.

In der interkulturellen Debatte hat sich weitgehend durchgesetzt, Kultur nicht als ein statisches Gebilde zu sehen, sondern die dynamische und interaktive Seite von Kultur zu betonen und den Aushandlungscharakter kultureller Deutungs- und Verhaltensmuster in den Mittelpunkt zu stellen. Daher befasste sich die Diskussion vor allem mit den kommunikativen, ethnologischen und psychologischen Aspekten von Herausforderungen in interkulturellen Begegnungen. Sozio-ökonomische und ordnungspolitische Entstehungskontexte von Kultur sind dagegen kaum systematisch in den Blick genommen worden. Diese Lücke zu adressieren ist ein Anliegen dieses Buches.

Aus der Praxis für die Praxis

Der Anstoß zu diesem Buch kam aus Erfahrungen aus der alltäglichen Arbeitspraxis. Die Arbeitswelt lässt Menschen mit unterschiedlichen kulturellen Hintergründen unter dem Schirm eines gemeinsamen Sinnzusammenhangs zusammenkommen. Das macht diese Begegnungen auf der einen Seite leichter als in privaten Kontexten. Ob bei einem Behördenkontakt, einem grenzüberschreitenden Kontakt mit Kund*innen, beim Zusammenwirken in einem multinationalen Team oder im Rahmen eines deutschen Unternehmens im Ausland – das Zusammentreffen von Menschen mit unterschiedlichen kulturellen Hintergründen folgt hier immer einem professionellen Zweck. Dieser überbrückt etwaige kulturelle Berührungsängste und kanalisiert die Kommunikation – hier müssen bzw. wollen Menschen etwas zusammen erreichen, die in einem privaten Kontext vielleicht keine Chance zur Begegnung gehabt oder den Kontakt nicht gesucht hätten.

Auf der anderen Seite treffen genau deswegen unterschiedliche kulturelle Prägungen besonders spürbar aufeinander. Im Arbeitsleben lassen sich zwar Aspekte des Privatlebens relativ leicht ausklammern. Aber die Art und Weise wie wir Aufgaben angehen, wie wir Prozesse planen und organisieren, wie wir lernen, wie wir Ziele verfolgen, wie wir führen, geführt werden, gestalten und mit anderen interagieren, wie wir Verantwortung übernehmen oder delegieren, usw. treffen in der Arbeitspraxis unweigerlich aufeinander. Das kann zu Konflikten führen, eben weil man zusammenarbeiten muss. Das ist der Grund, warum sich dieses Buch auf Aspekte der politischen Kultur und der Arbeitskultur konzentriert.

Politische Kultur wird hier verstanden als Gesamtheit von Orientierungsmustern gegenüber dem politischen System, seinen Institutionen und seinen Verfahren der Interessenartikulation, des Interessenaustrags, der Entscheidungsfindung sowie –durchsetzung. Sie beinhaltet Grundannahmen und Kommunikationsstile ebenso wie Werte, Einstellungen und Haltungen, die nicht nur das Wahlverhalten von Menschen prägen, sondern auch ihre Interaktion im öffentlichen Raum und im Arbeitsleben allgemein. Arbeitskultur wird hier nicht im engeren Sinne auf Organisationskultur reduziert, sondern aus einer soziologischen Perspektive als Gesamtheit der Wahrnehmungen, Einstellungen und Verhaltensorientierungen verstanden, die die Interaktion von Menschen in organisationalen Kontexten prägen. Arbeitskultur bezieht sich auf Strukturen, Regeln und Verfahren, Macht und Hierarchien wie auch auf individuelle Orientierungen im Spannungsfeld zwischen Individuum, Organisation und Gesellschaft.

Politische Kultur und Arbeitskultur sind untrennbar mit den Organisationsformen und institutionellen Regeln in einer Gesellschaft verknüpft. Sie sind daher Aspekte von Kultur, bei denen es besonders naheliegend ist, nicht nur nach den prägenden kommunikativen, ethnologischen und psychologischen Faktoren zu fragen, sondern auch nach dem prägenden Einfluss struktureller Faktoren. Dazu gehören sozio-ökonomische Gegebenheiten wie die Organisations- und Verteilungsmuster von Arbeit, Macht und Ressourcen sowie die ordnungspolitische, d.h. regulative und institutionelle Verfasstheit eines Gemeinwesens.

Vor diesem Hintergrund war das Erkenntnisinteresse dieser Arbeit geleitet von dem Wunsch, die Alltagserfahrungen in der Arbeitspraxis der Autorin an den Schnittstellen mehrerer Kulturen besser zu verstehen und Ansatzpunkte zu identifizieren, wie mit den daraus erwachsenden Herausforderungen besser umzugehen ist. Dieses Erkenntnisinteresse wurde in folgende Arbeitshypothese übersetzt: Wenn wir besser verstehen, wie politische Kultur und Arbeitskultur auch durch sozio-ökonomische und ordnungspolitische Strukturen geprägt werden, können wir Unterschiede und Reibungspunkte besser verstehen und einordnen und somit bessere Umgangsstrategien für kulturell begründete Reibungspunkte im Arbeitsalltag entwickeln.

Dieses Buch richtet sich daher vor allem an Praktiker*innen, die professionelle Berührungspunkte mit Migrant*innen oder mit Schutzsuchenden haben. Das reicht von Vertreter*innen von Behörden und Organisationen über Unternehmen und Ausbildungseinrichtungen bis hin zu interkulturellen Berater*innen und Trainer*innen.

Konzeptionelle Annahmen zur Untersuchung sozio-ökonomischer sowie ordnungspolitischer Prägungen von politischer Kultur und Arbeitskultur

Persönliche Beobachtung und Plausibilitätsschlüsse

Kaum ein Kulturbegriff blendet aus, dass strukturelle Faktoren (wie z.B. Zugangs- und Verteilungsmuster zu Ressourcen und ökonomischen Chancen; Mechanismen und Strukturen des Erwerbs und Erhalts von Macht; Kriegs- und Konfliktlagen), Erfahrungen mit den institutionellen Trägern des staatlichen Gewaltmonopols, aber vor allem auch alltägliche Erfahrungen mit staatlichen Institutionen und Dienstleistungen einen Einfluss auf Kultur haben. Anthropologische Kulturbegriffe sehen diese strukturellen Faktoren eher als Produkte menschlicher Kultur. In soziologischen oder kommunikationsbasierten Kulturbegriffen bleiben strukturelle Faktoren eine Randbedingung, deren genauer Einfluss auf Kultur nicht näher definiert ist. Diese Vernachlässigung struktureller Einflussfaktoren auf Kultur ist sehr wahrscheinlich auch darauf zurückzuführen, dass die kausale Verknüpfung zwischen strukturellen Bedingungen und individuellen Wahrnehmungen und Verhalten schwer gemessen werden kann.

Auch andere Disziplinen tun sich schwer damit. Die Demoskopie befasst sich auf Gruppenebene mit dem Zusammenhang zwischen sozio-ökonomischen und ordnungspolitischen Gegebenheiten auf der einen und Wahlverhalten auf der anderen Seite. Dagegen geht sie, soweit bekannt, nicht näher auf deren Auswirkungen auf individuelle Wahrnehmungs-, Kommunikations- und Verhaltensmuster ein. In der sozialpsychologischen Einstellungsforschung finden sich keine Hinweise, wie genau sich sozio-ökonomische und ordnungspolitische Bedingungen auf Einstellungen auswirken. Dort werden Einstellungen verstanden als auf Erfahrungen beruhende Bewertungs- und Reaktionsmuster gegenüber einem Objekt. Der hier verwendete Begriff der Haltungen unterscheidet nochmal zwischen überwiegend bewusst artikulierbaren Einstellungen und überwiegend unbewussten, internalisierten Haltungen.

Strukturelle Einflussfaktoren auf Kultur aus der Betrachtung auszuklammern, weil es bislang nur wenige Anhaltspunkte aus der Forschung dazu gibt, wäre der falsche Schluss. Mit gebotener Vorsicht werden daher im Folgenden hypothetische Annäherungen über den kausalen Zusammenhang zwischen sozio-ökonomischen und ordnungspolitischen Einflussfaktoren und politischer Kultur sowie Arbeitskultur auf Grundlage von persönlichen Beobachtungen und Plausibilitätsschlüssen vorgenommen.

Kulturbegriff

Da der Fokus dieses Buches auf interkulturellen Reibungspunkten in alltäglichen Arbeitskontakten liegt, wird hier zunächst ein kommunikations- und interaktionszentrierter Kulturbegriff zugrunde gelegt. Kultur wird in Anlehnung an Bolten verstanden als offenes Netzwerk konventionalisierter Interaktionsdynamiken in den vier Interaktionsdimensionen Religion/Sinngebung, Identität/Selbstbild, sozio-ökonomisches und ordnungspolitisches Umfeld und natürliche Umwelt/materielle Infrastruktur (Bolten 2009, 2016a, 2016b und 2016c). Kultur ist in diesem Sinne keine statisch-abgrenzbare Größe, sondern die Summe der regelmäßig wiederkehrenden Interaktionsmuster von Menschen in den beschriebenen Dimensionen. Dabei unterliegen diese nicht nur einer steten Veränderung (ebd.; Bolten 2013), sondern können zugleich in Abhängigkeit von der

Betrachtungsflughöhe stärker entweder in ihren wiederkehrenden Mustern (Strukturperspektive) oder in ihrer individuellen Variabilität (Prozessperspektive) gesehen werden (Bolten ebd.).

Strukturfunktionale Perspektive

Zur Untersuchung der Einflüsse von sozioökonomischen und ordnungspolitischen Faktoren auf politische Kultur und Arbeitskultur wird darüber hinaus mit einem soziologisch bzw. politikwissenschaftlich inspirierten Kulturverständnis gearbeitet, das Kultur in einen strukturfunktionalen Zusammenhang stellt. Aus dieser Perspektive ist Kultur ein integrales Element von insgesamt vier basalen Gesellschaftsfunktionen: Neben der Produktions- und Reproduktionsfunktion (biologische und ökonomische Reproduktion), der Organisations- und Distributionsfunktion (Organisation und Verteilung von Arbeit, Ressourcen und Wohlstand) sowie der Herrschafts- und Sicherungsfunktion (Treffen bindender Entscheidungen, Recht und Rechtsdurchsetzung) kommt der Kultur die Sozialisations- und Qualifizierungsfunktion einer Gesellschaft zu (Schmidt/Treiber 1975: 65ff). Über Sozialisation und Qualifizierung erwerben Gesellschaftsmitglieder Wertvorstellungen, Verhaltensmuster und Kompetenzen, die Verlässlichkeit und Konformität gewährleisten und somit ihren Beitrag mit Blick auf die anderen gesellschaftlichen Grundfunktionen absichern.

Kultur wird in diesem Lichte geprägt durch die jeweiligen Institutionen, Strukturen und Verfahrensweisen, die eine Gesellschaft zur Erfüllung ihrer basalen Funktionen ausbildet, und hilft diese zu reproduzieren. Umgekehrt beeinflussen das sozio-ökonomische und ordnungspolitische System die Herausbildung spezifischer kultureller Muster. Zahllose internationale Beispiele von identitätsgetriebenen Protest- und Reformbewegungen, die bestehende sozio-ökonomische und ordnungspolitische Gesellschaftsgefüge infrage gestellt haben und in vielen Fällen punktuelle oder grundlegende Anpassungen erwirken konnten, lassen dabei den Schluss zu, dass das sozio-ökonomische und ordnungspolitische System einer Gesellschaft keineswegs ihre Kultur determiniert. Umgekehrt erscheint ebenso evident, dass Gesellschaften mit Bevölkerungen aus verschiedenen Kulturkreisen eines integrativen Schirms bedürfen, unabhängig davon wie offen oder geschlossen dieser jeweils ausgestaltet ist (Bolten, Jürgen 2016a). Kultur und sozio-ökonomisches sowie ordnungspolitisches System stehen also in einem engen, wenn auch nicht genau definierbaren Wechselverhältnis und können nicht beliebig weit auseinanderdriften, ohne die Kohäsion einer Gesellschaft zu gefährden.

Sozio-ökonomische und ordnungspolitische Prägungen von politischer Kultur und Arbeitskultur in Pakistan

Pakistan eignet sich aus mehreren Gründen für die Untersuchung der sozio-ökonomischen und ordnungspolitischen Prägungen von politischer Kultur und Arbeitskultur aus einer deutschen Perspektive. Zum einen, weil das sozio-ökonomische und ordnungspolitische System Pakistans sich erheblich vom deutschen System unterscheidet und der vergleichende Blick hilfreiche Erkenntnisse aufgrund der großen Varianz verspricht. Zum anderen gehören Frauen und Männer aus Pakistan mit mehr als 75.000 Personen zu den zwanzig größten ausländischen Bevölkerungsgruppen in Deutschland.[2] Es besteht also eine relativ hohe Wahrscheinlichkeit, dass deutsche Behörden, Organisationen, Unternehmen, Vereine o.ä. Arbeitskontakte zu Menschen pakistanischer Herkunft haben. Nicht zuletzt hat die Autorin von 2015 bis Ende 2019 in Pakistan gelebt und gearbeitet und kann die vorliegende Untersuchung auf zahlreichen eigenen Erfahrungen begründen.

Da es in diesem Buch um Aspekte der politischen Kultur und der Arbeitskultur geht, die das Zusammentreffen in Arbeitskontexten prägen, werden eingangs konkrete Beispiele von Begegnungen mit der öffentlichen Verwaltung, mit der bewaffneten Staatsgewalt sowie aus dem Arbeits- und Lebensalltag in Pakistan dargestellt und auf

---

[2] Die Zahlen spiegeln den Stand von Dezember 2019. Neuere Zahlen waren zum Zeitpunkt des Abschlusses dieser Arbeit nicht erhältlich. Statistisches Bundesamt. Bevölkerung und Erwerbstätigkeit. Ausländische Bevölkerung. Ergebnisse des Ausländerzentralregisters, 15. April 2020. Zugang zuletzt am 27.01.2021 unter: https://www.destatis.de/DE/Themen/Gesellschaft-Umwelt/Bevoelkerung/Migration-Integration/Publikationen/Downloads-Migration/auslaend-bevoelkerung-2010200197004.pdf?__blob=publicationFile.

verallgemeinerbare Muster von politischer Kultur und Arbeitskultur hin untersucht.

Beispiele und wiederkehrende Muster politischer Kultur und Arbeitskultur in Pakistan

Begegnungen mit der öffentlichen Verwaltung in Pakistan

Die öffentliche Verwaltung ist neben den Sicherheitskräften das primäre Gesicht des Staates gegenüber der Bevölkerung. In Begegnungen mit der öffentlichen Verwaltung kommen sowohl Elemente von politischer Kultur als auch von Arbeitskultur besonders deutlich zum Tragen. Die folgenden Beispiele stammen aus sehr unterschiedlichen Alltagsbereichen und spiegeln die Erfahrungen einer in vieler Hinsicht privilegierten Ausländerin wider.

Beispiel a) Antrag auf Ausstellung einer Zugangsberechtigung zu Orten/Regionen mit beschränktem Zugang: In Pakistan sind nicht nur bestimmte Distrikte und Regionen, sondern auch militärische und sonstige als sensibel eingestufte Liegenschaften zugangsbeschränkt. Für In- und Ausländer*innen besteht ein differenziertes System von Zugangsbeschränkungen, je nach Nationalität und Organisationszugehörigkeit. Um dennoch z.B. zur Projektimplementierung in entsprechende Regionen reisen zu können, bedarf es eines Antrags auf Ausstellung eines *Non-Objection Certificate* (NOC) durch die zuständigen Behörden, u.a. den militärischen Nachrichtendienst. Die Ausstellung erfolgt in aller Regel nach bekannten Verfahren und im Rahmen offizieller Fristen, oft kommt es aber ohne weitere Warnungen und Erklärungen zu Verzögerungen. Da dies in vielen Fällen die Suspendierung von Projektaktivitäten zur Folge haben kann, ist nicht auszuschließen, dass die Ausstellung von NOC auch als politischer Hebel gegenüber in- und ausländischen Organisationen genutzt wird. Persönliche gute Beziehungen können den Prozess in vielen Fällen beschleunigen bzw. in angespannten Zeiten trotz zurückhaltender Ausstellungspolitik Ausnahmen erwirken. Diese aufzubauen und zu pflegen ist sehr zeitaufwändig. Unternehmen und Organisationen müssen spezialisiertes Personal hierfür abstellen, wenn sie hinreichende Beweglichkeit im Land gewährleisten wollen.

Beispiel b) Ausstellung eines Dokumentes, das zum Sonderbezug limitierter Waren berechtigt: In Pakistan ist der Verkauf und öffentliche Konsum von Alkoholika verboten. Ausländer*innen haben jedoch das Recht, für die private Nutzung Alkohol kontingentiert bei speziellen Abgabestellen zu erwerben. Hierfür muss ein sogenanntes *Blue Book* vorgelegt werden, das in einem relativ aufwändigen Verwaltungsverfahren erhältlich ist. Die ausstellende Behörde hat keine festen Sprechzeiten, Termine müssen individuell vereinbart werden. Behördengänge dieser Art werden i.d.R. von einer/em Agent*in der jeweiligen Organisation angebahnt, moderiert und begleitet. Trotz Berechtigung zum Erhalt des Dokumentes bei Vorliegen entsprechender Voraussetzungen ist der Erhalt des Dokumentes nicht garantiert. Der Besuch bei den zuständigen Beamt*innen muss mit viel Beziehungspflege flankiert werden. Bei Aushändigung des Dokumentes zeigt der Agent verbale Bezeugungen besonderer Dankbarkeit, begleitet durch tiefe Verbeugungen, was den Eindruck entstehen lassen kann, man habe einen persönlichen Gefallen erhalten.

Beispiel c) Durchsetzung der Vorgaben des Flächennutzungsplans durch die *Capital Development Authority* (CDA): Städtische Gebiete sind in Pakistan per Gesetz verschiedenen Nutzungsarten zugeordnet. So sollen private kommerzielle Unternehmungen z.B. nicht in Wohnbezirken angesiedelt werden. Dieses Gesetz wurde über Jahrzehnte allenfalls sporadisch durchgesetzt. Nach einer Klage beim Obersten Gericht verfügte dieses, dass die CDA das Gesetz ab

2015 schrittweise konsequent durchsetzen sollte. In mehreren Wellen ab 2015 erhielten Restaurants, Schönheitssalons, aber auch Dependancen ausländischer Organisationen, Anwaltskanzleien oder Schulen Bescheide, wonach diese aufgrund einer Zuwiderhandlung gegen das Gesetz ihre Aktivitäten in Wohngebieten sehr kurzfristig aufgeben und in Bezirke verlegen sollten, die für kommerzielle Aktivitäten freigegeben sind. Da in den kommerziellen Bezirken passender Gewerbe- oder Büroraum sehr knapp war, stockte die Umsetzung der Verfügung zunehmend. Erschwerend kam hinzu, dass die CDA dazu überging, die Vermieter*innen entsprechender Immobilien wegen Zuwiderhandlung haftbar zu machen, nicht die Mieter*innen. Statt eine konzertierte politische Lösung anzustreben, haben viele betroffene Unternehmungen und Organisationen über die Immobilienbesitzer*innen überwiegend bilaterale Lösungen mit der CDA angestrebt, die von Fristverlängerungen bis hin zu quasi unbefristeten Moratorien reichten. Hier kamen persönliche Beziehungen und politisches Gewicht zum Tragen. Die Verhandlungen zur Kompromissfindung mit der CDA liefen meist über die Vermieter*innen/Besitzer*innen der Immobilien und blieben opak. Mieter*innen entsprechender Immobilien blieb i.d.R. nichts anderes übrig als auf eine Lösung der Vermieter*innen mit der CDA zu hoffen oder sich unter Zeitdruck um eine meist teurere Alternative zu bemühen.

Die genannten Beispiele basieren auf persönlichen Erfahrungen der Autorin mit Behörden in Pakistan und zahlreichen Erfahrungsberichten pakistanischer und/oder ausländischer Kolleg*innen. Auch wenn sie keine Repräsentativität beanspruchen können, weisen sie doch gewisse Muster auf, die im Folgenden herausgearbeitet werden.

So beginnen direkte Begegnungen mit Behördenvertreter*innen mit der Zugangshürde. Außer in einigen Großstädten, wo einige Verwaltungszweige über feste Sprechzeiten und automatisierte Wartesysteme verfügen, ist die Terminfindung oft mühsam und nicht immer verlässlich, d.h. Termine werden zuweilen kurzfristig verschoben oder trotz vereinbarten Termins ist der/die Ansprechpartner*in doch nicht im Hause. Mangels Vertretung muss dann ein neuer Termin gefunden werden. Reguläre Sprechstunden gibt es zwar im Prinzip, diese werden aber nicht in allen Fällen als Anwesenheits- und Verfügbarkeitspflicht seitens der Behördenvertreter*innen wahrgenommen und sind oft mit stundenlangem Warten verbunden. Wer persönliche Kontakte besitzt, hat weit höhere Chancen auf einen schnellen Termin oder bevorzugten Zugang. Dies gilt erfahrungsgemäß sowohl für Verwaltungsbehörden in ländlichen Gebieten als auch für Ämter, Ministerien und höherrangige Gesprächspartner*innen in den Städten.

Die Chance auf Aufmerksamkeit und fokussierte Behandlung durch den/die jeweilige/n Behördenvertreter*in ist meist abhängig von der Tagessituation und/oder dem persönlichen Beziehungsfaktor. Dies zeigt sich oft schon mit der Begrüßungssituation beim Betreten des Besprechungsraums. Nicht selten kommt es kommt vor, dass die Ansprechperson noch am Telefon ist, und/oder über Papiere gebeugt erst nach einiger Zeit aufschaut und der/m Klient*in den Platz weist, während sie noch mit anderen Angelegenheiten befasst ist. Meist klingelt nebenher laufend das Telefon und/oder Mobiltelefon; Anrufe werden meist auch während des Termins entgegengenommen. Nicht unüblich ist auch die Unterbrechung des Termins durch Dritte, die mit anderen Anliegen ins Büro kommen und meist zwischendurch auch bedient werden. Je nach räumlichen Gegebenheiten und Rang der/s Behördenvertreter*in, sind die Aufteilung von Warteraum, Besprechungsraum und Arbeitsraum für Außenstehende nicht klar erkennbar angesichts zahlreicher Personen, die während einer Besprechungssituation ein- und ausgehen und von denen nicht klar ist, ob es sich um Klient*innen handelt, um Behördenpersonal oder um private Besucher*innen. Dadurch dass Klient*innen selten ungeteilte Aufmerksamkeit seitens der Behördenvertreter*innen zuteil wird entsteht auf Klient*innenseite schnell der Eindruck weniger wichtig zu sein, zu stören oder nebenbei abgefertigt zu werden.

Vielfach ist auch die Transparenz von Verfahren nicht hinreichend gewährleistet. Zwar sind *Standard Operating Procedures* zu zahlreichen Sachverhalten und Themen online auf Englisch auf den Websites vieler Behörden erhältlich, aber mangels einer Kultur der Einforderung von verbrieften Ansprüchen gegenüber der Verwaltung werden diese selten konsultiert, zumal im Streitfall die Behörde meist im Vorteil ist. Bei der Behandlung des eigenen Anliegens werden erforderliche Dokumente meist kommentarlos entgegengenommen und geprüft. Erklärungen über Sinn und Zweck einzelner Prüfschritte oder Verfahrensabläufe erhalten Klient*innen bestenfalls auf Nachfrage, oftmals werden sie beschwichtigt oder erhalten ausweichende Antworten. Auch Prüfkriterien und –vorgaben werden allenfalls auf Nachfrage preisgegeben. Oft geht innerhalb eines Vorgangs die akribische Befolgung von angeblich vorgegebenen Verfahrensschritten an der einen Stelle mit sehr großzügiger Auslegung und Entscheidung an anderer Stelle einher, wobei die Auslegung dann meist als einmalige Ausnahme und persönlicher Gefallen dargestellt wird. Bei geringsten Abweichungen vom Regelfall oder auch zur Vermeidung von Verantwortungsübernahme wird sehr häufig der/die nächsthöhere Vorgesetzte konsultiert, was weiteres Warten und nicht selten das Vertrösten auf einen anderen Termin zur Folge hat, weil diese/r nicht verfügbar ist.

Generell wird Klient*innen in pakistanischen Behörden oft der Eindruck vermittelt, sie seien Bittsteller*innen ohne Ansprüche und es liege in der Macht und im persönlichen Ermessen der jeweiligen Ansprechperson, ob dem eigenen Anliegen nachgekommen werde oder nicht. Wird ein Anliegen gewährt, geschieht das nicht selten mit einem Habitus, der eine persönliche Vorzugsbehandlung suggeriert. Ausländer*innen oder lokale Bedarfsträger*innen mit Einfluss und Beziehungen sind in den meisten Fällen in einer privilegierten Situation, weil Angestellte oder Mittelspersonen die Pflege der Behördenbeziehungen übernehmen. Zudem ist eine gewisse Hemmung von Amtsträger*innen vor dem Ausleben allzu unverhohlener Willkür gegenüber Ausländer*innen und privilegierten lokalen Bedarfsträger*innen zu erleben, vor denen die Reputation gewahrt werden muss und/oder von denen nicht bekannt ist, welche Unannehmlichkeiten sie erzeugen können. Schließlich ist auch eine Zurückhaltung gegenüber Ausländer*innen zu verzeichnen, finanzielle oder sonstige Gegenleistungen zu fordern, gleichwohl auch dies vorkommen kann. Aber Bitten um Praktikumsplätze, um wohlwollende Behandlung bei Bewerbungsverfahren von Familienangehörigen oder um Unterstützung bei Reisewünschen ins Ausland sind hingegen häufig anzutreffen.

Es kann angenommen werden, dass Zugang, Serviceorientierung und Habitus von Behördenvertreter*innen um ein Vielfaches weniger klient*innenfreundlich sind, wo Behörden – wie in den meisten ländlichen Räumen – unter allgemeinen Kapazitäts- und Personalmängeln leiden; wo sie es mit einer armen und ihrer Rechte und Ansprüche kaum bewussten Klientel zu tun haben; wo Überlappungen mit privaten Netzwerkinteressen aufgrund der geringeren Größe der Klientelgruppe und der räumlichen und sozialen Nähe zwischen Behördenvertreter*innen und Klientel wahrscheinlicher sind; und wo es um kosten- und personalintensive staatliche Dienstleistungen geht (wie z.B. Gesundheitsversorgung).

Zusammengenommen lassen sich bezogen auf die hier interessierende Fragestellung folgende Muster von politischer Kultur und Arbeitskultur aus den Begegnungen mit der öffentlichen Verwaltung herausdestillieren: Zum einen spiegeln die Begegnungen mit Vertreter*innen der öffentlichen Verwaltung durchgängig eine erhebliche und offen gelebte Machtdiskrepanz zwischen Leistungsgeber*in und Leistungsempfänger*in. Ein Amt in der öffentlichen Verwaltung ist mit Macht und Zugriffsprivilegien auf staatliche Ressourcen verknüpft, ohne dabei vergleichbaren rechtlichen und verfahrensbezogenen Einschränkungen durch Rechenschaftspflicht und politischer Kontrolle unterworfen zu sein. Dies reflektiert eine hohe Distanz zwischen Staat und Bürger*innen wie auch eine hohe Akzeptanz der Ungleichverteilung von Macht in der Gesellschaft.
Damit geht zweitens einher, dass sich Amtsträger*innen nicht in erster Linie als Funktionsträger*innen zu verstehen scheinen,

sondern als Inhaber*innen einer Machtposition. Dementsprechend erfolgt Amtsausübung nicht primär nach Gesichtspunkten funktionaler Aufgaben und der damit verbundenen Rechte und Pflichten, sondern ist in hohem Maße von persönlichen Präferenzen und den damit verbundenen Loyalitäten und Opportunitätserwägungen getrieben.

Schließlich kann Machtasymmetrie seitens der mit weniger Macht ausgestatteten Seite mangels politischer und rechtlicher Kontrollmöglichkeiten nur durch persönliche Beziehungen und Netzwerke kompensiert werden.

Begegnungen mit der bewaffneten Staatsgewalt

Die bewaffnete Staatsgewalt in Pakistan, repräsentiert durch Polizei, Streitkräfte und weitere bewaffnete Einheiten wie z.B. *Ranger*, ist im Alltag zumindest in den größeren Städten allgegenwärtig. Diese fungieren als Kontroll-, Ordnungs- und Schutzkräfte vor öffentlichen Gebäuden, an Straßensperren oder auf Patrouillen. Langfristige Antiterroroperationen, Aufstandsbekämpfung und Kriminalitätsbekämpfung verleiht ihnen in einigen Teilen des Landes durchaus auch in diesen Funktionen eine große Präsenz. Nicht nur *Ranger* und Militär, sondern auch die Polizei sind in aller Regel sichtbar mit automatischen Gewehren und/oder Pistolen bewaffnet, uniformiert, automobil und treten stets mindestens zu zweit, meist aber in Einheiten von mindestens vier Personen auf. Ihr Verhalten in der Öffentlichkeit wirkt distanziert, professionell und eher unnahbar. Sie haben eine hohe Sichtbarkeit im Stadtbild, aber meist kommt es gar nicht oder nur zu kurzen Interaktionen mit der Bevölkerung, wie z.B. an Straßensperren oder Kontrollpunkten.

Das Militär genießt ein vergleichsweise hohes Ansehen in der Breite der Bevölkerung und gilt aufgrund der langen Geschichte von Militärregierungen, seiner unverändert machtvollen politischen und ökonomischen Rolle, aber auch durch die Erfolge der letzten Jahre in der Terrorbekämpfung als Verkörperung der Staatsmacht schlechthin.

Dem Militär wird vielfach nachgesagt, es sei die einzige Institution in Pakistan, die nach professionell-bürokratischen Prinzipien funktioniere und eine gewisse Unabhängigkeit von den Machtspielen konkurrierender einflussreicher familialer Netzwerke besitze. Dem kann jedoch zum einen entgegengehalten werden, das Militär agiere selber wie ein großes familiales Netzwerk und bewege sich somit innerhalb der herrschenden Funktionslogik des pakistanischen politisch-sozialen Systems. Zum anderen steht das Militär gewiss nicht außerhalb des Einflusses von machtvollen familialen Netzwerken. So gibt es kaum eine einflussreiche Familie, die nicht mindestens einen Sohn zum Militär schickt, während gleichzeitig ein anderes Kind in der Ministerialbürokratie Karriere macht und ein drittes in der Wirtschaft.[3] Zugleich wird *„the establishment"* vor allem in liberalen Kreisen als zentraler politischer Akteur mit starken Eigeninteressen als einer der wichtigsten Hemmfaktoren konsequenter Demokratisierung angesehen, zuweilen als paralleler Staat (Aziz:2008).

Demgegenüber wird die Polizei weit überwiegend als hochgradig korrupt, politischer Kontrolle und Rechenschaftspflicht entzogen sowie ineffektiv wahrgenommen. Polizeilicher Amtsmissbrauch und Gewalttätigkeit durch Polizisten wird in den meisten Fällen nicht juristisch verfolgt (Human Rights Watch:2016), dementsprechend genießt die Polizei nur geringes Vertrauen in der Bevölkerung. Dabei befindet sich die Polizei in vielfachen Dilemmata und neben

---

3 Vgl. zur politischen, ökonomischen und sozialen Rolle des Militärs sehr differenziert auch Anatol Lieven (2012). Pakistan. A Hard Country. London: Penguin Books, S. 161ff.

inhärenten strukturellen und personellen Mängeln erschwert auch das sozio-ökonomische Umfeld rechtmäßiges Polizeihandeln.[4]

Laut einer Umfrage des *Center for Insights in Survey Research* von November 2018 gaben insgesamt 75% der Befragten an, mit der Arbeit des Militärs sehr zufrieden zu sein; 21% waren relativ zufrieden. Mit der Arbeit der Polizei waren jedoch nur 12% sehr zufrieden; 41% relativ zufrieden.[5] Gemäß einer Gallup-Umfrage von Ende 2017 sprachen 82% der Befragten dem Militär ihr Vertrauen aus, der Polizei jedoch nur 23%. Damit rangierte das Militär an höchster Stelle noch vor religiösen Gelehrten (62%) und den Gerichten (53%). Politiker genossen nur wenig mehr Vertrauen als die Polizei (26%), an letzter Stelle lagen der Zoll (22%) und die Einkommensteuerbehörde (17%).[6]

Während dem Militär ein hohes professionelles Ethos und eine Orientierung an „nationalen Interessen" zugeschrieben wird, wenn auch in einer sehr spezifischen religiös geprägten Auslegung dieser Interessen (Aziz ebd.), assoziiert kaum jemand die Polizei mit einem Dienst an der Bevölkerung oder am Gemeinwohl (vgl. Yusuf:2015). Dies spiegelt sich auch in Alltagssituationen, mit Blick auf welche die Autorin z.B. davor gewarnt wurde, allein auf eine Polizeiwache zu gehen oder Polizisten nachgesagt wurde, bei Regelverstößen im Gegenzug für eine „Anerkennung" ein Auge zuzudrücken.

---

4 Vgl. Anatol Lieven (ebd.), der besonders auf die Dilemmata durch das sozio-ökonomische Umfeld abhebt, S. 102ff.

5 Center for Insights in Survey Research. National Survey of Public Opinion in Pakistan. Im Auftrag des International Republican Institute, November 1-22 2018, Zugang am 20.08.2019 unter https://www.iri.org/sites/default/files/2019.3.14_pakistan_poll.pdf.

6 Manzar Elahi; Sajjad Haider. Overwhelming majority of Pakistanis want democracy, trust Armed Forces. In Jang-Geo News Poll, 23. November 2017, Zugang am 19.08.2019 unter: https://www.geo.tv/latest/168956-overwhelming-majority-of-pakistanis-want-democracy-trust-armed-forces-survey.

Mit Blick auf die hier interessierenden Muster politischer Kultur kann geschlossen werden: Neben der öffentlichen Verwaltung fungiert die bewaffnete Staatsgewalt als die zweite direkte Schnittstelle des Staates mit der Bevölkerung. Auch hier zeigt sich eine hohe Distanz zwischen Staat und Bürger*innen, die auf eine generell hohe Machtdistanz in der Gesellschaft hinweist.

Auch wenn Militär und Polizei unterschiedlich wahrgenommen werden, sind Begegnungen zwischen der Bevölkerung und den verschiedenen Kräften der bewaffneten Staatsgewalt außerdem durch eine extrem hohe Machtasymmetrie gekennzeichnet. In noch höherem Maße als die öffentliche Verwaltung besitzen die regulären bewaffneten Kräfte eine nahezu uneingeschränkte Macht gegenüber der Zivilbevölkerung, die kaum justizielle oder politische Aufsichts- und Kontrollmöglichkeiten besitzt.

Auch hier kann Machtasymmetrie im Konfliktfall nur durch den Schutz persönlicher Netzwerke und Beziehungen kompensiert werden. Das bedeutet aber nicht, dass Begegnungen mit Militär, Polizei und anderen regulären bewaffneten Gruppen immer von Willkür und Machtmissbrauch gekennzeichnet sind.

Erfahrungen aus dem Lebens- und Arbeitsalltag in Pakistan

Die folgenden Beispiele sind dem eigenen Lebens- und Arbeitsalltag der Autorin entlehnt. Die Erfahrungen aus dem Lebensalltag spiegeln das Leben in privilegierten Stadtvierteln in der Hauptstadt Islamabad. Sie beinhalten Begegnungen mit Händler*innen, Handwerker*innen, Vermieter*innen, Fahrern und sonstigen Dienstleister*innen sowie aus dem privaten Umfeld. Der Arbeitsalltag spielte sich in einer deutschen Organisation ab, die in Pakistan mit überwiegend pakistanischen Mitarbeitenden tätig ist. Die Mitarbeitenden aus der eigenen Organisation rekrutierten sich in den fachlichen Positionen überwiegend aus dem gebildeten Mittelstand. Die Partnerklientel bestand meistenteils aus Angehörigen der Ministerialbürokratie und der öffentlichen Verwaltung auf verschiedenen Ebenen, Angehörigen von Nichtregierungsorganisationen und ausgewählten privaten Unternehmen.

Beispiel a) Persönliche Beziehungen als Türöffner und Schmierstoff: In Pakistan sind viele Alltagsangelegenheiten wie etwa der Bezug spezifischer Waren oder eine handwerkliche Dienstleistung, schwer zu organisieren. Zudem sind sie stets mit einem gewissen Risiko behaftet, weil es keine allgemeinen Qualitätsstandards gibt und weil bei mangelnder Qualität oder bei Vertragsverletzungen faktisch keine Rechtsinstanz angerufen werden kann. Sehr schnell wird klar, dass ohne persönliche Beziehungen kaum etwas (gut) geht. Von der Auftragsvergabe ohne Vorkasse über die aufmerksame Betreuung beim Gemüsehändler, der auch ausgefallene Wünsche zu erfüllen sucht, bis hin zu Rabatten für Stammkunden in Geschäften; von der kurzfristigen Verfügbarkeit von Dienstleistenden bis hin zur Bereitschaft, Sonderwünschen Rechnung zu tragen – all das wird erst möglich bzw. funktioniert deutlich besser auf Grundlage guter persönlicher Beziehungen. Je besser die Beziehungen und je höher die Verflechtung der Beziehungsnetzwerke, desto höher ist nicht nur die Wahrscheinlichkeit, dass die Qualität von Waren und Dienstleistungen auch den Erwartungen entspricht, sondern desto größer auch die Bereitschaft zu kundenorientierter Dienstleistung und der Schutz vor Betrug.

Beispiel b) Reparaturarbeiten an Mietimmobilien: In Deutschland bestehen bei Mietangelegenheiten einklagbare gesetzlich begründete Rechte und Pflichten, bei deren Verletzung der Rechtsweg von beiden Seiten verlässlich beschritten werden kann. In Pakistan ist dies theoretisch auch gegeben, aber in der Praxis kaum gelebt. Egal ob z.B. ein Wasserschaden entstanden, eine Mauer beschädigt ist oder eine neue Gastherme eingebaut werden soll – der/die Vermieter*in versucht stets, die Angelegenheit zunächst zu einer Sache der Mietpartei zu erklären und die Verantwortung auf diese abzuwälzen. Vermieter*innen hochwertigerer Immobilien leben selber oft im Ausland und die Kommunikation läuft über eine/n Sachverwalter*in, der/die je nach Opportunität vorgibt, erst mit der/m Vermieter*in in Kontakt treten zu müssen. Verweise auf Gesetze haben in aller Regel keine Wirkung, weil allgemein bekannt ist, dass kaum ein/e Mieter*in wegen einer Mietstreitigkeit den mühsamen und wenig erfolgversprechenden Rechtsweg beschreiten würde. Ebenso verhält es sich mit Klauseln in Mietverträgen (z.B. bezüglich Kaution, Kündigung oder Rückzahlung im Voraus gezahlter Miete o.ä.), die von Vermieter*innen im Streitfall zu eigenen Gunsten ausgelegt oder oft einfach ignoriert werden. Ist ein Anspruch auf Übernahme einer Leistung durch den/die Vermieter*in offenkundig, werden häufig entsprechende Maßnahmen zugesagt, die oft erst nach mehrmaligem Nachfragen eingehalten werden, manchmal auch gar nicht. In allen Verhandlungsangelegenheiten sind Mieter*innen auf das persönliche Wohlwollen und eine gedeihliche Beziehung zur/m Vermieter*in angewiesen, weil diese/r aufgrund seiner/ihrer Machtposition in jedem Fall am längeren Hebel sitzt. Mietervereine oder ähnlichen Beistand gibt es nicht und wenn Mieter*innen sich in den Augen der Vermieter*innen als zu widerspenstig gebärden, kann es passieren, die sie mit persönlichen Schikanen, Angriffen oder gar einer illegalen Räumung bedroht werden.

Beispiel c) Persönliche Anliegen an die Führungskraft: Als Führungskraft mit einer Sozialisation in deutschen Organisationen und einem Führungsverständnis, wonach Führung vor allem eine manageriale Funktion ist, kann es gewöhnungsbedürftig sein, auf die Führungskultur und das Führungsverständnis der Mitarbeitenden in Pakistan zu treffen. Ein Aspekt fällt dabei besonders auf. Zahlreiche Anliegen werden an Führungskräfte herangetragen, mit denen sich Mitarbeitende in deutschen Organisationen eher nicht an ihre Vorgesetzten wenden würden. In einem Fall wurden z.B. persönliche Verunsicherungen an die Autorin kommuniziert, da ein Mitarbeiter von der Landesdirektion mehrmals nicht gegrüßt worden war. Er war besorgt, in Ungnade gefallen zu sein oder sah seine Person und Leistungen nicht hinreichend wertgeschätzt. Seine unausgesprochene Erwartung bestand darin, für ihn ein gutes Wort bei der Landesdirektion einzulegen. In mehreren Fällen wurde die Autorin ersucht, bei einem persönlichen Konflikt zwischen Mitarbeitenden Stellung zu beziehen oder zu schlichten. Auch wurde die Autorin mehrfach um finanzielle Unterstützung gebeten, z.B. nach einem Erdbeben oder bei einem anstehenden medizinischen Eingriff eines Familienmitglieds. Hin und wieder erhielt die Autorin kleine Geschenke, die abzulehnen im pakistanischen Kontext als besonders unhöflich und schroff gegolten hätte. Im Gegenzug wurden ihr Wünsche nach speziellen Mitbringseln aus Deutschland vorgetragen.

Beispiel d) Scheu vor individueller Verantwortung: Das moderne Arbeitsleben ist auch in Pakistan entlang funktionaler Arbeitsteilung und vertikaler Hierarchien strukturiert. Anders als in Deutschland, zeigten pakistanische Mitarbeitende jedoch nur in den seltensten Fällen das Bestreben, im gegebenen Rahmen die eigenen Zuständigkeiten voll zu erfüllen und Verantwortungsspielräume möglichst weit auszuschöpfen. Auch die in Deutschland verbreitete Orientierung an Weiterentwicklung und Optimierung wurde kaum beobachtet. Dafür konnte alltäglich erlebt werden, dass vielen pakistanischen Mitarbeitenden der Überblick über Prozesse fehlte bzw. sie sich für übergeordnete Prozesse nicht zuständig fühlten. Die meisten hatten nur ihre jeweilige Teilaufgabe im Blick, während die Verantwortung für das Nachhalten und die Steuerung von Prozessen meist gänzlich an internationale Kolleg*innen oder Vorgesetzte abgegeben wurde. Im Erfahrungsumfeld der Autorin war selbst bei Führungskräften unter den pakistanischen Mitarbeitenden zu beobachten, dass sie vor neuen Initiativen eher zurückschreckten, stets ein Auge auf das Wohlwollen und die Bestätigung durch die Vorgesetzten warfen und bei Fehlern grundsätzlich erst einmal die Umstände oder andere Kolleg*innen dafür verantwortlich machten. Eine Herausforderung war für viele, das eigene Handeln in einem größeren unternehmenspolitischen oder strategischen Zusammenhang zu verorten, zu reflektieren, zu beurteilen und entsprechende Gestaltungsansätze zu entwickeln.

Bei aller Unterschiedlichkeit der genannten Beispiele aus dem Lebens- und Arbeitsalltag in Pakistan lassen sich auch hier kulturelle Muster erkennen, die nachfolgend genauer betrachtet werden. Hier wurden zunächst in Fall a) Beispiele aus dem praktischen Lebensalltag angeführt, um die Bedeutung persönlicher Beziehungen zu veranschaulichen. Wie oben schon mit Blick auf Begegnungen mit der öffentlichen Verwaltung anklang, sind persönliche Beziehungen in allen Lebensbereichen in Pakistan die wichtigste informelle Währung, mit der Türen geöffnet und fast jedes Anliegen schneller, unkomplizierter und verlässlicher erreicht werden kann. Persönliche Beziehungen in Pakistan fokussieren dabei nicht, wie in Deutschland, hauptsächlich auf Individuen, sondern auf die hinter den Individuen stehenden Netzwerke. Es sind also genau genommen Netzwerkbeziehungen. D.h. wenn Individuen eine positive Beziehung aufbauen, geht es nicht nur um das bilaterale Verhältnis, sondern ihre Beziehung ist dann besonders wertvoll, wenn sie unausgesprochen die Möglichkeit eröffnet, die weitergehenden Netzwerke miteinander zu verzahnen.

In diesem Zusammenhang ist ein weiterer Aspekt hervorzuheben. In Pakistan begegnen sich Menschen im öffentlichen Raum, also wenn sie z.B. auf dem Markt als Käufer*in und Verkäufer*in interagieren, oder wenn sie in einer Firma zusammenarbeiten, in erster Linie als sozial eingebettete Individuen, nicht primär als Träger*innen generischer Rollen. Professionelle Rollenkodizes, die sich in Deutschland etwa durch eine Orientierung an Sachkriterien (z.B. Branchenstandards oder bürokratische Regelwerke) oder ethischen Prinzipien (z.B. berufsethische Leitbilder) auszeichnen, werden in Pakistan durch persönliche Beziehungen überlagert. Das Verhalten einer Händlerin gegenüber ihrem Kunden wird z.B. in stärkerem Maße darüber bestimmt, wie gut sich die persönliche Begegnung entwickelt, als über einen abstrakten kaufmännischen Kodex, der in Deutschland etwa die Gleichbehandlung von Kunden, die Orientierung an Kundenbedürfnissen oder die Loslösung des Verkaufsgeschäfts von individuellen Befindlichkeiten nahelegen würde. So verdeutlicht Beispiel auch b), wie bei Abwesenheit staatlicher Regulation, verbindlicher Standards oder berufsethischer Leitbilder die schwächere Partei (Mieter*in) in einem ungleichen Vertragsverhältnis ihre nachteilige Position nur durch gute persönliche Beziehungen mit der stärkeren Partei (Vermieter*in) kompensieren kann, um so auf deren Wohlwollen zu hoffen.

Noch deutlicher zeigt sich dieser Aspekt in Beispiel c) aus der Arbeitswelt. In Pakistan begründet sich die Autorität einer Führungskraft primär durch ihre Machtposition, durch ihren sozialen Status (ethnische oder religiöse Zugehörigkeit, regionale und familiale Herkunft, ökonomische Stellung, Alter, Gender, Titel), aber auch durch die Fürsorgeerwartung seitens der Mitarbeitenden. Aspekte wie formales Mandat, fachliche Kompetenz oder Effizienz und Wirksamkeit des Managementhandelns einer Führungskraft treten dahinter zurück. Diese Mischung aus Macht, sozialen Identifikationsfaktoren und Fürsorgefunktion erinnert aus deutscher Sicht eher an feudale Lehnsbeziehungen denn an moderne professionelle Arbeitsbeziehungen. Die Führungskraft genießt Weisungsautorität nicht weil sie in erster Linie eine strategische Steuerungsfunktion kompetent wahrnimmt, sondern weil sie der Quasi-Dorfgemeinschaft (Team) vorsteht und dort als Quasi-Dorfoberhaupt fungiert, dem Folge zu leisten ist. Dementsprechend wird die Führungsfunktion nicht primär als Amt gesehen, dessen Inhaberschaft im Prinzip austauschbar ist, sondern als an die Person gebundenes Privileg. Folglich begegnen Mitarbeitende der Führungskraft nicht in erster Linie als Amtsinhaber*in, sondern als Quasi-Dorfoberhaupt, an das auch persönliche Anliegen herangetragen werden. Hier finden in gewisser Weise Übertragungen familialer Hierarchien statt, obwohl natürlich alle wissen, dass Arbeitsteams temporär und weit weniger verbindlich sind. Familiale Beziehungsmuster in Pakistan sind aber so stark, dass sie auch in Lebensbereiche jenseits der Familie ausstrahlen.

Eng verknüpft mit der Bedeutung persönlicher Beziehungen und der geringen Prägekraft generischer formaler Rollenzuschreibungen ist der Umgang mit Verantwortung in der Arbeitswelt. Da sich Menschen im Arbeitsleben in Pakistan nicht primär als Funktionsträger*innen begegnen, sondern als Individuen, die gegenüber den Vorgesetzten oder der Firma in einem persönlichem Verpflichtungsverhältnis (Stichwort Dorfoberhaupt) stehen, sehen sie sich auch weniger in der Verantwortung für Prozesse, die sich jenseits ihrer unmittelbaren Aufgabe bewegen. Die Erfüllung der eigenen Aufgabe wird wie ein persönliches Versprechen gegenüber den Vorgesetzten bzw. der Firma behandelt. Im Rahmen einer klar abgesteckten Aufgabe sind Mitarbeitende zur Übernahme von Verantwortung bereit und innovativ, was den Weg zur Erreichung dieses Ziels betrifft. Wenn darüber hinaus Aufgaben übernommen werden, geschieht das aus einer persönlichen Loyalität zu den Vorgesetzten oder zur Firma heraus, und i.d.R. geschieht das erst auf direkte Ansprache hin. Verantwortung für benachbarte oder übergeordnete Prozesse, verstanden als Mitverantwortung am großen Ganzen, würde jedoch die Identifikation mit einer Funktion oder einer abstrakten Rolle voraussetzen, die sich unabhängig von den persönlichen Verpflichtungsverhältnissen als funktionaler Teil einer übergeordneten komplexen Entität versteht.

Im Lichte der übergeordneten Fragestellung dieses Buches lassen sich aus den Beispielen aus dem Lebens- und Arbeitsalltag in Pakistan folgende Muster herausdestillieren, die bereits bei Begegnungen mit der öffentlichen Verwaltung anklangen. Erstens ist die alle Lebensbereiche betreffende Bedeutung persönlicher Beziehungen hervorzuheben, die Zugang zu Opportunitäten bieten und zugleich als zentrale Ressource zur Verfolgung eigener Bedürfnisse und Interessen dienen.

Zweitens zeigt sich auch im Lebens- und Arbeitsalltag eine schwache Identifikation mit institutionellen oder funktionalen Rollen, die bereits in Begegnungen mit der öffentlichen Verwaltung aufgefallen war. Verhalten im Lebens- und Arbeitsalltag wird, wie im Verwaltungsalltag, nicht primär von abstrakten Regularien oder generischen Rollenkodizes, sondern überwiegend von der jeweiligen Machtpositionen bzw. persönlichen Beziehungen beeinflusst. So spiegeln Beziehungen in der Arbeitswelt eher familiale Hierarchie- und

Verhaltensweisen statt professionelle, an Amt und Funktion geknüpfte Beziehungen und Verhaltensmuster. Diese Aussage steht nicht im Widerspruch dazu, dass es in Pakistan auch Branchen, Institutionen oder Unternehmen gibt, in denen die Identifikation mit funktionalen Rollen und Rollenkodizes stärker ausgeprägt ist, wie z.B. beim Militär. In allen Feldern des öffentlichen Lebens spielen persönliche Netzwerke und entsprechende Beziehungs- und Verhaltensschemata aber in institutionelle und funktionale Rollen hinein, verschmelzen mit diesen oder überlagern diese.

Abschließend sei hervorgehoben, dass die Realität in Pakistan natürlich sehr viel komplexer und differenzierter ist, als die Beispiele und daraus abgeleiteten kulturellen Muster suggerieren. Dennoch erscheint es aus einer höher aggregierten Perspektive gerechtfertigt, von kulturellen Mustern zu sprechen, die sich bei aller Varianz durch verschiedene Schichten und Ethnien in Pakistan ziehen. Einige dieser Muster wurden im Lichte der hier interessierenden Fragestellung zu identifizieren versucht. Nach diesem Einstieg wird im nächsten Schritt die Betrachtungsebene gewechselt und ein Blick auf strukturelle Bedingungen in Pakistan geworfen.

Sozio-ökonomische und ordnungspolitische Bedingungen in Pakistan

Die sozio-ökonomische Realität in Pakistan entzieht sich einer verallgemeinernden Beschreibung, da sie sich für Menschen unterschiedlicher sozialer Herkunft höchst unterschiedlich darstellt. Dies gilt umso mehr, da sich die Bevölkerung des Landes aus einer Vielzahl von Volksgruppen zusammensetzt und sehr hohe soziale Disparitäten zwischen Männern und Frauen, Stadt- und Landbevölkerung sowie, teilweise quer zum Stadt-Land-Gefälle verlaufend, zwischen einkommensschwachen und -starken Bevölkerungsteilen aufweist.

Daher wird hier nicht der Anspruch erhoben, die sozio-ökonomischen und ordnungspolitischen Bedingungen im Land auch nur annähernd umfassend darzustellen zu können. Vielmehr werden punktuell jene Bedingungen herausgefiltert, die eine Mehrheit der Menschen in Pakistan betreffen, wenn auch in je unterschiedlichem Maße, und die für die hier interessierende Fragestellung besonders relevant sind. So werden ausgewählte sozio-ökonomische und ordnungspolitische Bedingungen in Pakistan skizziert und zur deutschen Lebenswelt ins Verhältnis gesetzt. Schließlich wird kursorisch auf ausgewählte wertebezogene Gegebenheiten eingegangen

Sozio-ökonomische Bedingungen

Joint Family als Versorgungsgemeinschaft, Lebensversicherung und Schutzinstanz in Pakistan

In Pakistan, wie in weiten Teilen Südasiens, ist die *Joint Family* (wörtlich: gemeinsame Familie, in Deutschland am ehesten mit Großfamilie zu übersetzen) nicht nur der zentrale Identitätsanker, sondern in sozio-ökonomischer Hinsicht auch die zentrale Versorgungs- und Umverteilungseinheit, Lebensversicherung wie auch Schutzinstanz für Individuen. Familien in Pakistan sind in aller Regel *Joint Families*, auch wenn es ein langsam wachsendes Phänomen von Kleinfamilien (nur Eltern und deren Kinder) und ganz vereinzelt auch Singlehaushalten gibt, aber beide bilden immer noch eine Minderheit[7]. So bevorzugen laut einer Umfrage von 2010 67% der Bevölkerung in Pakistan insgesamt das Leben in der *Joint Family*; unter der städtischen Bevölkerung bevorzugen 39% das Leben in einer Kleinfamilie gegenüber 26% unter der ländlichen Bevölkerung.[8]

Joint Family bedeutet in Pakistan meist, dass mehrere Generationen und meist auch mehrere Kernfamilien in einem Haushalt leben. Zu ihr gehören i.d.R. neben einem Paar und deren Kindern (Kernfamilie) die Großeltern, die Brüder des Mannes und deren angeheiratete Ehepartnerinnen und Kinder. Dabei definiert sich die *Joint Family* patrilinear, d.h. die Schwestern zählen nach der Heirat zur *Joint*

---

[7] Vgl. Madiha Akhtar. Society. What's a woman like you doing in a joint like this? In The Dawn, 05. März 2019, Zugang am 22.12.220 unter: https://www.dawn.com/news/1467209.

[8] Two-thirds of Pakistan prefers joint family system, The Express Tribune, 06. Oktober 2010, Zugang am 15.08.2019 unter: https://tribune.com.pk/story/59309/two-thirds-of-pakistan-prefers-joint-family-system/.

Familiy ihrer Ehemänner und auch die Angehörigen der Frau gehören meist nicht dazu. In einem weiteren konzentrischen Kreis (*Extended Family,* erweiterte Familie) kommen die Herkunftsfamilien der angeheirateten Frauen bzw. die Familien der verheirateten Schwestern dazu. In einem dritten konzentrischen Kreis bewegen sich weitere soziale Bezugsnetzwerke, allen voran die „Bruderschaft“[9], der Stamm, die Dorfgemeinschaft, oder eine Glaubensgemeinde, die sich jedoch oft durch Verwandtschaftsbeziehungen im Rahmen der *Extended Family* überlappen.[10] Familiale oder *Kinship*-Netzwerke in den drei konzentrischen Kreisen sind in Pakistan nicht nur in sozialer und ökonomischer Hinsicht von zentraler Bedeutung, sondern fungieren vielfach auch als treibende politische Entitäten, um die herum sich viele politische Gruppierungen konstituieren.

Identität in Pakistan gründet primär auf der Zugehörigkeit zu einer Familie und deren sozialen Status und Ruf. Status und Reputation der Familie sind aber nicht nur identitätsbildend, sondern haben auch eine bedeutende ökonomische Dimension, da diese maßgeblich über die Handlungsfähigkeit sowie die Chancen auf Durchsetzung ökonomischer Bedürfnisse und Interessen der Familienmitglieder entscheiden. Eine Herkunft aus einer Familie mit hohem Status und

---

9 Auf Urdu *Biraderi*, wofür es keinen analogen deutschen Begriff gibt. Im Englischen wird es meist mit *kin* übersetzt, im Deutschen käme dem der Familienclan am nächsten. Vgl. hier die kurze, aber aufschlussreiche Passage in Anatol Lieven ebd., S. 38ff. Zur besonderen Rolle der *Biraderis* in Pakistan vgl. auch Anila Ahsan Channa. Four Essays on Education, Caste and Collective Action in Rural Pakistan. The London School of Economics and Political Science. Thesis submitted to the Department of International Development of the London School of Economics for the degree of Doctor of Philosophy. London, March 2015. Zugang am 30.01.2018 unter: http://etheses.lse.ac.uk/3305/1/Channa_Four%20Essays_on_education.pdf und Abid Ghafoor Chaudhry, Aftab Ahmed. Biradari's Function and Significance. An Anthropological Study of Gender Opinions. In Sci.Int, 26(4), S. 1863-1865. Lahore 2014. Zugang am 05.02.2018 unter: http://www.sci-int.com/pdf/1898633241863-1865-BIRADARI.....pdf.

10 Zur zentralen Rolle der Familie vgl. auch Haris Gazdar (2017). Class, Caste or Race: Veils over Social Oppression in Pakistan. In Economic and Political Weekly, January 13, S. 86-88. Zugang am 15.01.2018 unter: http://www.researchcollective.org/Documents/Class_Caste_or_Race.pdf.

hoher Reputation eröffnet bessere Arbeitschancen, bessere Chancen auf eine „gute Partie“ als Ehemann/Ehefrau, öffnet leichter Türen, bietet bessere Netzwerke und schützt auch besser. Den Status und Ruf der Familie nach außen zu schützen und zu wahren ist deshalb nicht nur eine Frage der Familienehre, sondern auch von höchster ökonomischer Relevanz.

Das ökonomische Überleben einer Familie wird i.d.R. durch die Summe der Einkünfte und Beiträge aller Familienmitglieder und deren interne Umverteilung gesichert. Beispielsweise werden Schul- und Studiengebühren von Kindern meist von der gesamten Familie getragen, wenn der Vater eines Kindes dafür nicht allein aufkommen kann. Dasselbe gilt für den Unterhalt und die Pflege von Kindern oder alten und gebrechlichen Familienmitgliedern. Ökonomischer Erfolg kommt immer auch der gesamten Familie zugute; ökonomischer Misserfolg oder sonstige Notlagen werden in den meisten Fällen von der gesamten Familie aufgefangen.

Entscheidungen über die Ausbildung, die Berufswahl oder über den Eintritt von Kindern in die Erwerbsarbeit treffen in der Regel meist die Eltern und/oder die einflussreichen Familienmitglieder, je nach familiärer Situierung nach Kriterien der ökonomischen Opportunität oder Notwendigkeit. Dafür wird oft auch die temporäre räumliche Trennung in Kauf genommen, wenn ein geeigneter Job nicht am Familienstandort zu finden ist. Eigenständige ökonomische Entscheidungen über Ausbildung oder Berufswahl nach Kriterien von Neigung oder Talenten sind immer noch eher eine Ausnahme in Pakistan und wenn, eher ein Phänomen städtischer Mittel- und Oberschichten, weil nur diese sich diesen Luxus leisten können.[11]

[11] Diese Strukturen sind heute nicht mehr unhinterfragt, wenngleich prävalent. Siehe ein Beispiel für eine Stimme aus der jüngeren Generation, die sich mit den Nachteilen des *Joint Family* Systems kritisch auseinandersetzt: Waqas A. Khan. Joint family system in Pakistan Part-1. In Pakistan Today, 15. November 2017, Zugang am 20.08.2019 unter: https://www.pakistantoday.com.pk/2017/11/15/joint-family-system-in-pakistan-part-1/.

Schließlich fungiert die Familie auch als zentrale Schutzinstanz. Sie unterstützt und vertritt die Interessen und Rechte der Familienmitglieder nach außen mit Nachdruck, verteidigt diese gegen alle Arten von Ansinnen, rächt empfundenes Unrecht oder straft wahrgenommene Ehrverletzung, nicht selten auch mit tödlichem Ausgang. Die Kehrseite dieser Wehrhaftigkeit nach außen ist das strikte Gebot, Probleme und Konflikte nicht nach außen zu tragen, sondern innerhalb der Familie zu regeln. Damit bleiben die Familienmitglieder mit geringem Status und Einfluss innerhalb der Familie meist der Macht und Willkür der einflussmächtigeren Mitglieder ausgeliefert. Generell machen familiale und andere traditionale Streitschlichtungsmechanismen auch im heutigen Pakistan immer noch einen nicht unbeträchtlichen Anteil an (informeller) Rechtsprechung aus und sind damit auch ein wichtiges Element von Justiz.[12]

Rolle der Familie mit Blick auf die gesellschaftlichen Grundfunktionen in Pakistan

In Pakistan bildet die Familie die Kerneinheit der biologischen und ökonomischen Reproduktion der Gesellschaft. Dabei bleibt sie von direkten oder indirekten staatlichen Regulationen (z.B. durch Familienpolitik, Bevölkerungspolitik, Steuerpolitik, o.ä.) weitgehend uneingeschränkt. Einflussparameter auf biologische und ökonomische Produktion und Reproduktion sind vielmehr das Klima,

---

[12] Die Aussagen zur zentralen sozio-ökonomischen Rolle der Familie und familialen Netzwerke in der pakistanischen Gesellschaft gelten trotz beobachtbarer Trends zur Aufweichung der strengen Traditionen in ganz Südasien, z.B. hinsichtlich arrangierter Ehen. Zwar steigt die Anzahl von sog. Liebesehen (*love marriages*) und Kinder können heute häufiger eine/n vorgesehene/n Ehepartner/in ablehnen oder gar eine/n vorschlagen, aber dies sind nach Ansicht der Autorin eher Modifikationen des fortbestehenden Prinzips, dass Ehen vor allem anderen nach sozio-ökonomischen Gesichtspunkten zum Wohle der ganzen Familie geschlossen werden und Individuen ihre eigenen Präferenzen notfalls dem kollektiven Familienwohl unterzuordnen haben. Vgl. dazu Marriage. A looser knot. Special Report. The Economist, 25 November 2017, S. 5f.

die geologischen und ökologischen Bedingungen, Landbesitz, sozialer Status, medizinische Versorgung sowie kulturell geprägte Erwartungen und Normen.

Mit Blick auf die gesellschaftliche Organisations- und Distributionsfunktion in Pakistan kommt der *Joint Family* und den konzentrischen sozialen Netzwerken rund um diese, wie gezeigt, eine zentrale Rolle bei der Organisation und Verteilung von Arbeit, Ressourcen und Wohlstand zu. Die pakistanische Wirtschaft ist zwar im Prinzip marktwirtschaftlich organisiert, aber in der Landwirtschaft als dem mit Abstand wichtigsten Wirtschaftssektor dominieren faktisch feudale Eigentumsverhältnisse, wobei Großgrundbesitz das Privileg einiger Dutzend Familien ist.[13] Selbst in dem wichtigsten industriellen Sektor, der Textilindustrie, agieren hochmoderne Industriebetriebe neben kleineren Betrieben, die sich oft in einer Grauzone zwischen formeller und informeller Ökonomie bewegen. So arbeitet eine unbekannte große Zahl von Beschäftigten ohne reguläre Arbeitsverträge, die sich als Tagelöhner oder in Heimarbeit verdingen.

Grundbesitz wie auch landlose Bauernschaft werden in den meisten Fällen vererbt, womit Familien und nicht Individuen auch in der Landwirtschaft die wichtigste ökonomische Einheit darstellen. In der produzierenden Industrie bietet sich ein gemischtes Bild. Je stärker ein Betrieb in die informelle Ökonomie hineinreicht, desto bedeutender werden familiale und sonstige soziale Netzwerke als Zugangstor zu Arbeit. Aber auch die modernen Industriebetriebe sind

[13] Vgl. Erhebungen des Social Policy and Development Centre. Social Development in Pakistan. Annual Review 2001, Karachi, wonach "nearly half of all rural households in Sindh and Punjab did not own any land at all, while another quarter of the rural households had holdings of five acres or less. At the opposite end of the spectrum, the top 4 per cent of all rural households owned nearly half of the land. About 1.3 per cent of land owners holding over 50 acres held about a third of land, of which 0.2 per cent of households with holdings of over 150 acres owned 14 per cent of the land." (S. 72) Die Zahlen sind zwar fast 20 Jahre alt, aber hinsichtlich der Landverteilung gab es in Pakistan in den vergangenen Dekaden wenig Bewegung, daher können die Angaben immer noch Aussagekraft beanspruchen. Zugang am 28.01.2018 unter: http://www.spdc.org.pk/Data/Publication/PDF/AR-4.pdf.

häufig familiengeführte Unternehmen, zuweilen mit einem paternalistischen Fürsorgeethos für ihre Arbeiter*innen.

In Handel und Handwerk überwiegen Familienbetriebe, oft über Generationen hinweg. Wissen wird innerhalb der Familie von Generation zu Generation weitergegeben, zumal formelle Ausbildungsgänge auch heute noch bei weitem nicht die Mehrheit der in den Arbeitsmarkt eintretenden Jugendlichen und jungen Erwachsenen abdecken. Der moderne Dienstleistungssektor ist der Wirtschaftsbereich, der am wenigsten von familialen Rekrutierungsmechanismen durchzogen ist, gleichwohl auch hier persönliche Netzwerke eine zentrale Rolle spielen.

Mit Blick auf die gesellschaftliche Herrschafts- und Sicherungsfunktion wurde bereits auf die Schutzfunktion der Familie, aber auch auf die Bedeutung familialer und sonstiger traditionaler Rechtsprechungsmechanismen hingewiesen. Darüber hinaus ist Politik auf allen Ebenen in Pakistan vor allem ein Geschäft einflussreicher Familien. Die meisten etablierten Parteien gleichen Wahlvereinen, die sich um Familiendynastien herumgruppieren. Wo das dynastische Element fehlt, haben sich Parteien um individuelle Führungspersönlichkeiten herum gebildet. Wie im ökonomischen Leben auch, spielen Familienzugehörigkeit und/oder persönliche Netzwerke für die Rekrutierung in Laufbahnen und Ämter für den Staatsdienst immer noch eine große Rolle, auch wenn diese durch formale Mechanismen der Personalrekrutierung und -entwicklung des öffentlichen Dienstes kanalisiert werden.

Auch hinsichtlich der gesellschaftlichen Sozialisationsfunktion spielen die *Joint Family* und deren konzentrische Netzwerke eine ausschlaggebende Rolle in Pakistan. Der Einfluss von sekundären und tertiären Sozialisationsinstanzen wie Schulen, Universitäten, Vereinen, Berufsvereinigungen, Peer-Gruppen o.ä. ist demgegenüber vergleichsweise gering.

Rolle der Familie hinsichtlich der gesellschaftlichen Grundfunktionen in Deutschland

Um die Besonderheit der pakistanischen sozio-ökonomischen Bedingungen besser zu verstehen, lohnt ein vergleichender Blick auf den deutschen Referenzrahmen. Auch in Deutschland bildet die Familie die wesentliche Einheit der biologischen Reproduktion der Gesellschaft. Dabei wird sie beeinflusst von zahlreichen direkten oder indirekten staatlichen Regulationsinstrumenten mittels Familien-, Sozial- und Steuerpolitik und unterliegt in Deutschland somit deutlich stärker einer staatlichen Steuerung als in Pakistan.

Die Familie als Versorgungseinheit spielt in Deutschland dagegen eine wichtige, aber an Bedeutung tendenziell abnehmende Rolle. Zum einen weil das Zusammenleben und Aufziehen von Kindern nicht mehr an Heirat gebunden ist.[14] Zum anderen weil das klassische Familienmodell an Boden verliert angesichts zahlreicher Singlehaushalte sowie neuer Formen des sozialen Zusammenlebens, wobei häufig mehrere Haushaltsmitglieder Einkommen generieren und ökonomisch unabhängig sind.[15] In Deutschland bildet somit das erwerbstätige Individuum die Kerneinheit der ökonomischen und

---

[14] Laut Eurostat ist der Prozentsatz von außerehelichen Lebendgeburten in den Mitgliedstaaten der EU und ausgewählten ökonomisch assoziierten Ländern seit 1960 kontinuierlich von einem einstelligen Wert bis hin zu 42% in 2014 gestiegen. In 2015 überstieg erstmals die Zahl der ehelichen Geburten diejenige der außerehelichen Geburten in den EU-Mitliedländern. Zugang am 20.09.2019 unter http://ec.europa.eu/eurostat/statistics-explained/index.php/Marriage_and_divorce_statistics. Eine Verdoppelung der entsprechenden Zahlen ist auch im OECD-Vergleich zu sehen. Zugang am 20.09.2019 unter: http://stats.oecd.org/viewhtml.aspx?datasetcode=FAMILY&lang=en. Vgl. auch: Marriage. A looser knot ebd., S. 7f.

[15] Vgl. hierzu entsprechende Sozialstatistiken der OECD über den Prozentsatz von Kindern, die mit einem Elternpaar, mit einem Elternteil oder in anderen sozialen Konstellationen leben. Zugang am 20.09.2019 unter: http://www.oecd-ilibrary.org/social-issues-migration-health/data/oecd-social-and-welfare-statistics/family-indicators_efd30a09-en;jsessionid=3fsrk12arvbg.x-oecd-live-02?isPartOf=/content/datacollection/socwel-data-en.

ökologischen Reproduktion, welche primär über den Markt organisiert ist.

Indem die Organisation der Arbeit über den Markt reguliert wird, besitzen Individuen eine vergleichsweise große Wahlfreiheit. Entscheidend für ihr ökonomisches Überleben ist dabei ihre individuelle Erwerbsrolle. Diese besteht für die große Mehrzahl der Menschen aus abhängiger oder selbständiger Beschäftigung. Die individuelle Erwerbsrolle hängt für die Mehrheit der Menschen in Deutschland von wettbewerbsfähigen Qualifikationen und deren Inwertsetzung auf dem Arbeitsmarkt ab. Sie ist weit stärker als in Pakistan identitätsrelevant und bestimmt über das damit verbundene Einkommen zusammen mit der dazugehörigen Reputation der jeweiligen Erwerbsrolle maßgeblich über den Status eines Individuums in der Gesellschaft (Tobler: 2001, S, 55ff). Das Funktionieren des Marktes wird gewährleistet durch Gesetze und staatliche Regularien sowie eine Verhaltenskonformität und -funktionalität, die über bloße Rechts- und Regeltreue weit hinausgeht und auch ein protestantisch geprägtes Arbeitsethos beinhaltet.

Die gesellschaftliche Distributionsfunktion wird in Deutschland hingegen über Bildungs-, Wirtschafts-, Sozial- und Gesundheitspolitik maßgeblich vom Staat wahrgenommen, während Familien ihre vormaligen Aufgaben in diesem Kontext weitgehend an staatliche oder private Trägerinstitutionen abgegeben haben.

Mit Blick auf die Sozialisationsfunktion kommt Familien auch in Deutschland eine unverändert wichtige Rolle zu, gleichwohl der Einfluss sekundärer und tertiärer Sozialisationsinstanzen hier ungleich größer ist als in Pakistan. Einerseits besitzen die verschiedenen Lebenskontexte wie Familie, Beruf, Hobby, Ehrenamt, Sport, etc. einen höheren Autonomiegrad als im Vergleich in Pakistan und stehen in der Tendenz gleichberechtigt nebeneinander. Andererseits verbringen die meisten Menschen in Deutschland heute relativ mehr Zeit in sekundären und tertiären Sozialisationsinstanzen im Verhältnis zu der Zeit, die ausschließlich der Familie gewidmet ist.

Identitäten setzen sich daher pluralistisch zusammen aus Rollenidentitäten in verschiedenen Kontexten und unterliegen daher familienexternen Einflüssen in viel stärkerem Maße als in Pakistan. (Beck/Beck-Gernsheim: 1994; Reckwitz 2019)

Patriarchat, Statusdenken und Ehre-/Schandeprinzip in Pakistan

Pakistan zählt im internationalen Vergleich zu den Ländern mit der höchsten Rate von Ungleichheit zwischen Männern und Frauen mit sich verschlechternder Tendenz. Das Land erreicht im *Global Gender Gap Report* des Weltwirtschaftsforums von 2020 den drittletzten Platz von 153 bewerteten Ländern, was eine kontinuierliche Verschlechterung innerhalb der letzten Jahre anzeigt.[16] Der Index in diesem Bericht vergleicht nationale Gender-Defizite in wirtschaftlicher, politischer, bildungs- und gesundheitspolitischer Hinsicht. Gemäß Länderranking des Berichts ist Süd-Asien weltweit die Region mit den zweitgrößten Gender-Ungleichheiten und Pakistan firmiert innerhalb der Region an letzter Stelle.

Neben überlieferten Werten und kulturellen Traditionen, auf die hier nicht näher eingegangen wird, ist dies u.a. auch auf die sozio-ökonomische Funktion der Familie und die darin vorherrschenden genderbezogenen Rollen zurückzuführen. Aus der oben beschriebenen Rolle der Familie als Versorgungs- und Umverteilungsgemeinschaft, Lebensversicherung und Schutzinstanz ergibt sich ein kaum überwindbares Muster nicht nur arbeitsteiliger, sondern auch streng hierarchisch verteilter Rollen, Rechte und Pflichten entlang von Geschlecht und Alter in Pakistan.

---

[16] Gloabl Gender Gap Report 2020 .World Economic Forum. Zugang am 22.12.2020 unter: http://www3.weforum.org/docs/WEF_GGGR_2020.pdf.

So gilt der Ehemann zunächst als derjenige, dem die Hauptlast der Versorgung und des Schutzes der Familie obliegt. Fällt dieser aus, übernimmt i.d.R. der älteste Sohn oder der älteste Bruder des Mannes diese Rolle. Damit geht untrennbar eine strenge Gehorsamspflicht von Frauen und Kindern gegenüber dem Familienoberhaupt bzw. den einflussreichsten, meist männlichen Familienmitgliedern einher. Dazu gehört auch die klare Zuweisung von reproduktiven Tätigkeiten an Frauen, wobei in wohlhabenden Familien Bedienstete die eigentliche Arbeit leisten. Die streng patriarchalischen Strukturen in Pakistan sind also in erheblichem Maße in der Versorgungs- und Schutzpflicht von Männern gegenüber ihren Familien begründet und werden durch die ökonomische Rollenverteilung in den Familien zementiert.

Eng verknüpft mit den Genderrollen ist das u.a. vom südasiatischen Kastenwesen beeinflusste Statusdenken und der damit verbundene Ehrenkodex in der pakistanischen Gesellschaft. Status beschreibt die Wertschätzung, die einer Person in einer sozialen Entität aufgrund von gruppenspezifisch definierten Merkmalen (z.B. Gruppenzugehörigkeit, Besitz, besondere Fähigkeiten, etc.) zugeschrieben wird. In Pakistan ist Status vor allem an die soziale (nicht an die funktionale) Rolle gebunden und wird vererbt oder mit einer Rolle übernommen. Im Lebens- und Arbeitsalltag ist das feinmaschige Geflecht von Statusdifferenzierungen und nebeneinander bestehenden oder sich überlappenden Statuszuweisungen für Außenstehende kaum erkenn- und nachvollziehbar. Diesem hier auch nur ansatzweise systematisch auf den Grund gehen zu wollen, würde den Rahmen dieser Arbeit sprengen. Daher basieren die hier gemachten Aussagen zu Status ausschließlich auf eigener Beobachtung und Erfahrung.

Ausgeprägtes Statusdenken unterscheidet sich bei den verschiedenen Volksgruppen zwar je nach Stratifikationskriterien, zieht sich aber durch die Gesellschaft insgesamt wie ein roter Faden. Status entscheidet maßgeblich über ökonomische Chancen, Privilegien und Macht. Er liegt einerseits quer zu den Genderrollen, da Privilegien, die dem Familienstatus zugeschrieben sind, allen Familienangehörigen zugutekommen. Zugleich gibt es auch eine klare Statushierarchie entlang der Geschlechterrollen innerhalb der familialen Netzwerke.

Statusdenken geht automatisch einher mit einer starken Orientierung am Schutz und an der Wahrung gesellschaftlicher Reputation. In diesem Kontext spiegelt Ehre/Schande die subjektive Seite von Status/Statusverlust. Während Status gesellschaftliche Wertschätzung abbildet, beschreibt Ehre den individuellen Achtungsanspruch und das Selbstachtungsgefühl. Frauen gelten in aller Regel als Trägerinnen der Familienehre. Ihr Verhalten wird an strengen und eng definierten gesellschaftlichen Vorgaben gemessen und unterliegt permanenter Beobachtung durch die Familie. Jeder Regelbruch wird als potenzielle Gefährdung der Familienehre und zugleich auch als Verletzung der weiblichen Gehorsamspflicht gewertet.

Diese Rollenzuschreibung ist zum einen eng mit der sozioökonomischen Funktion der Familie als Versorgungsgemeinschaft und Lebensversicherung und der entsprechenden patriarchalischen Zuschreibung der Versorger- und Beschützerrolle an Männer verknüpft. Dabei werden Frauen als „Produktionsmittel" familialen Reichtums (Nachwuchs) selber zum „Eigentum", über dessen Verfügbarkeit streng gewacht wird. Zum anderen spiegelt sie auch die gesellschaftlichen Realitäten in Pakistan. Frauen sind mangels ökonomischer Unabhängigkeit und sozial akzeptierter Handlungsoptionen auch oft tatsächlich versorgungs- und schutzbedürftig. Da entsprechende staatliche Institutionen fehlen, können Versorgung und Schutz i.d.R. nur im Rahmen der Familie gewährleistet werden.

Ordnungspolitische Bedingungen

Pakistan als fragiler Staat

Vorab müssen die ordnungspolitischen Besonderheiten staatlicher Fragilität herausgestellt werden. Der klassischen staatsrechtlichen Lehre nach konstituiert sich ein moderner Staat durch drei Elemente: staatliches Territorium, Staatsvolk und zentrale Staatsgewalt. Völkerrechtlich gesehen muss ein Staat zudem international als solcher anerkannt sein. Funktional betrachtet kommt dem Staat die Aufgabe zu, die Art und Weise, in der eine Gesellschaft ihre oben genannten grundlegenden Funktionen organisiert, zu sichern und langfristig zu gewährleisten. Zu den staatlichen Kernaufgaben gehören in diesem Kontext die Gewährleistung von Sicherheit (Schutz und Verteidigung), politischer Ordnung (legitime Herrschaft) sowie eines regulativen Rahmens (Recht). In komplexen Industriegesellschaften wie in Deutschland kommt die Aufgabe der Organisation der Produktionsweise (Wirtschaftsordnung) sowie die Umverteilung von Ressourcen (Wohlfahrt) hinzu. Ein Staat, dessen konstituierende Elemente infrage stehen und der seinen Kernaufgaben nicht oder nur unzureichend nachkommen kann, wird hier als fragil verstanden.[17]

Anatol Lieven, Autor einer der bekanntesten umfassenden Abhandlungen über Pakistan, schrieb treffend, dass der Unterschied

[17] Die Forschung zu fragilen Staaten kommt nicht zu einer einheitlichen Definition fragiler Staatlichkeit. Je nach Perspektive stehen eher sicherheitspolitische, entwicklungspolitische oder staatstheoretische Aspekte im Vordergrund. Für die Zwecke dieser Arbeit wurde eine eigene Definition entwickelt in Anlehnung an Ulrich Schneckener (2004). States at Risk – Zur Analyse fragiler Staatlichkeit. SWP-Studie, Berlin, S. 9f.

zwischen zivilen und militärischen Regierungen in Pakistan kleiner war bzw. ist, als in der in- und ausländischen Literatur angenommen. Tatsächlich, so Lieven, ist Pakistan charakterisiert durch einen schwachen Staat und eine enorm starke Gesellschaft (freilich nicht zu verwechseln mit Zivilgesellschaft). Die Schwäche des Staates begründet demzufolge nicht aus seiner Durchsetzung mit Patronage-netzwerken, sondern aus der Tatsache, dass er das Leben der Mehrzahl der Menschen des Landes gar nicht oder nur marginal berührt. Die Präsenz von Polizei, Militär und Gerichten suggeriere staatliche Präsenz, aber diese Akteure handelten in den meisten Fällen im eigenen bzw. im Interesse von Macht- und Einflussgruppen bzw. *Kinship*-Netzwerken (Lieven ebd., S.12f).

Diese Beschreibung geht konform mit der hier vorgenommenen Klassifizierung Pakistans als fragiler Staat. Allerdings weist Lieven zurecht darauf hin, dass Fragilität im Falle Pakistans nicht bedeutet, dass das System an sich instabil und von Kollaps bedroht ist. Im Gegenteil handelt es sich bei Pakistan um einen fragilen im Sinne eines schwachen Staates, dessen Funktionsmuster jedoch in hohem Maße stabil sind (ebd., S. 9f). Diese Funktionsmuster zeichnen sich aus durch permanente Verhandlungen und Kompromisse zwischen staatlichen Funktionseliten (Parteien, Ministerialbürokratie, Justiz, Militär, Polizei), die sich, so muss hinzugefügt werden, wiederum vielfach mit familialen Netzwerken überlagern. Staatliche Autorität resultiert nach Lieven aus diesen Verhandlungskompromissen, nicht aus Legitimität, Recht und Gesetz, implementiert durch rationale bürokratische Verfahren.

Seit der Unabhängigkeit von Britisch-Indien im August 1947 hat Pakistan ungelöste territoriale Konflikte mit dem Nachbarland Indien um die Region Kaschmir und sieht sich mit immer wieder aufflammenden Sezessionsbestrebungen in der Provinz Balutschistan konfrontiert. Beide Konflikte werden seit vielen Jahren militärisch ausgetragen. Der Konflikt mit Indien bewegte sich auch in jüngerer Zeit wiederholt an der Schwelle einer drohenden kriegerischen zwischenstaatlichen Auseinandersetzung. Mit Blick auf das Kriterium des Bestehens eines unstreitigen staatlichen Territoriums können die territorialen Grenzen Pakistans also nicht als unangefochten gelten.

Auch das Kriterium eines klar umrissenen Staatsvolkes trifft auf Pakistan nur bedingt zu. Teile der sog. *Northern Areas* (Gilgit-Baltistan) besitzen nach wie vor keinen formellen Status als Provinz, gleichwohl die Bevölkerung sich zu Pakistan zugehörig fühlt und diesen Status einfordert. Neben den genannten Sezessionsbestrebungen einiger Gruppierungen in Balutschistan sehen sich auch Teile der Bevölkerung in den ehemaligen *Federally Administered Tribal Areas* (FATA) und in Balutschistan vor allem als Paschtunen mit engen Familienbanden über die Staatsgrenzen hinweg nach Afghanistan. Daran hat auch die schrittweise administrative Eingliederung der FATA in die Provinz Khyber Pakhtunkhwa (KP) seit 2018 vorerst nichts geändert. Generell wiegt in Pakistan die Identifizierung mit der Herkunftsprovinz und ihren jeweiligen sprachlichen und kulturellen Besonderheiten schwer, gleichwohl in der jüngeren Generation die Herausbildung einer pakistanischen Identität zu verzeichnen ist.[18] Starke ökonomische und machtpolitische Disparitäten unter den Provinzen aber geben in der Tendenz zentripetalen Kräften im Land Auftrieb.

Pakistans formelles Staats- und Rechtssystem gründet auf dem Erbe der britischen Kolonialherrschaft über Indien und reicht zurück bis in die Anfänge des 20. Jahrhunderts. Mit der Unabhängigkeit wurden die justiziellen und ein Großteil der Verwaltungsstrukturen in den neuen Staat übernommen (Imtiaz: 2013). Die Identifikation mit dem Rechtssystem ist entsprechend schwach ausgeprägt. Unter den

---

18 Laut einer repräsentativen Jugendumfrage in Pakistan in 2015 gaben rund die Hälfte der befragten Jugendlichen an, sich als Pakistani zu fühlen, gleichwohl sie wenig Chancen auf politische Partizipation sahen. United Nations Development Programme. Pakistan National Human Development Report 2017, S. 26f, Zugang am 15.07.2019 unter: https://www.undp.org/content/dam/pakistan/docs/HDR/NHDR_Summary%202017%20Final.pdf.

staatlichen Institutionen gilt das Militär gemeinhin als die stärkste, stabilste und effektivste Institution.

Die Kehrseite dieser institutionellen Stärke ist die politische Rolle des Militärs. Nach der Abwahl General Parvaiz Musharrafs in 2008 konnte das Militär auch unter den nachfolgenden zivil geführten Regierungen seinen entscheidenden Einfluss auf den Kurs der Außen- und Sicherheitspolitik wie auch auf Fragen der inneren Sicherheit bewahren. Zudem ist das Militär mit zahlreichen eigenen Unternehmungen und Stiftungen unverändert ein beträchtlicher ökonomischer Akteur.

Trotz dieser dominanten Stellung konnte das Militär bisher nicht dauerhaft das staatliche Gewaltmonopol durchsetzen. In FATA herrschten bis 2015 tribale Führer und islamistische Gruppierungen, ohne dass der pakistanische Staat volle Kontrolle ausüben konnte. Erst eine groß angelegte militärische Kampagne hat dort ein prekäres staatliches Gewaltmonopol hergestellt, das sich in den kommenden Jahren mit der Integration der FATA in die Provinz KP erst noch konsolidieren muss. In Balutschistan dagegen hält seit etwa drei Jahren eine von der Öffentlichkeit im Ausland wenig beachtete militärische Kampagne gegen separatistische Kräfte an. Seitdem verschlechtert sich die Sicherheitslage in der Provinz kontinuierlich.

Das Kriterium des Vorhandenseins eines staatlichen Gewaltmonopols trifft auf Pakistan also nur teilweise zu. Seinen Ordnungs- und Schutzaufgaben mit Blick auf die öffentliche Ordnung und Sicherheit kann der pakistanische Staat trotz erheblicher Verbesserungen in den vergangenen sechs bis sieben Jahren nicht umfassend nachkommen.

In Pakistan herrscht ein kompliziertes Nebeneinander von traditioneller und formeller Rechtsprechung. Zahlreiche Anliegen von armen und marginalisierten Gruppen fallen ganz durchs Raster. Berichte der Menschenrechtskommission von Pakistan und der internationalen Nichtregierungsorganisation *Human Rights Watch* verzeichneten in den letzten Jahren auf der einen Seite die Verabschiedung zahlreicher neuer progressiver Gesetze. Zugleich verwiesen sie aber auch auf gravierende Defizite in der Rechtsdurchsetzung und unverändert hohe Einschränkungen der bürgerlichen Grundfreiheiten.[19] Insgesamt kommt der pakistanische Staat der Aufgabe der Gewährleistung einer Rechtsordnung und der Rechtsdurchsetzung nicht in hinreichendem Maße nach.

Auch die staatlichen Kernfunktionen der Herstellung politischer Ordnung (legitimer Herrschaft) sowie der Umverteilung von Ressourcen (Wohlfahrt) kann der Staat in Pakistan nur lückenhaft erfüllen . Die Parlamentswahlen vom Juli 2018 haben nach den Wahlen in 2013 zum zweiten Mal einen ordnungsgemäßen Regierungswechsel eingeleitet. Trotz Vorwürfen, es habe im Vorfeld der Wahlen systematische Einflussnahmen und Manipulationen seitens des militärischen Establishments gegeben, wurden der Wahlsieg der oppositionellen *Pakistan Tehreek-e-Insaf* (PTI) und die Legitimität der neuen Regierung weder im In- noch im Ausland ernsthaft angezweifelt. In 2016 war erstmals auch ein Personalwechsel auf dem Posten des Generalstabschefs auf regulärem Wege erfolgt.

Insgesamt konzedieren externe Beobachter*innen eine Stärkungstendenz einiger staatlicher Institutionen in Pakistan, vor allem auf Provinzebene.[20] Dennoch steht das politische System des Landes unverändert vor großen inhärenten Herausforderungen (Dezentralisierung; Interelitenmachtkonflikte, insbesondere die Rolle des Militärs; Status von Gilgit-Baltistan; Sezessionsbestrebungen in Balutschistan; das Erstarken religiös-fundamentalistischer politischer

[19] Vgl. dazu Pakistan 2019 Human Rights Report, Human Rights Commission of Pakistan, Zugang am 22.12.2020 unter https://www.state.gov/wp-content/uploads/2020/03/PAKISTAN-2019-HUMAN-RIGHTS-REPORT.pdf sowie Länderbericht Pakistan bei Human Rights Watch, Zugang am 22.12.2020 unter: https://www.hrw.org/world-report/2020/country-chapters/pakistan.

[20] Vgl. z.B. die Einschätzung des BTI Transformation Index. Pakistan Country Report 2020. Zugang am 15.01.2021 https://www.bti-project.org/content/en/downloads/reports/country_report_2020_PAK.pdf.

Kräfte; Korruption, etc.), ganz zu schweigen von den riesigen Zukunftsherausforderungen des Landes (gravierende ökonomische Defizite; Wasserknappheit; Folgen des Klimawandels; Bevölkerungswachstum; Jugendarbeitslosigkeit; eklatante genderbasierte Diskriminierung; regionale Instabilität, etc.). Ob und wie das politische System diese Herausforderungen bewältigen und dabei die derzeitige prekäre Stabilität bewahren können wird, bleibt abzuwarten.

Mit Blick auf die Wohlfahrtsfunktion entsprechen die staatlichen Kapazitäten und Maßnahmen in keiner Weise dem immensen Bedarf, gleichwohl Pakistan sichtbare Fortschritte bei der Armutsbekämpfung beanspruchen kann. Von den selbst gesteckten Zielen im Rahmen der *Millennium Development Goals* hat Pakistan laut einem Zeitungsartikel vom April 2017 nur vier von 41 Indikatoren erreicht, 24 Indikatoren lagen deutlich zurück[21], in 2015 sah das Bild noch drastischer aus[22]. Das Land hat sich seitdem eine ambitionierte Agenda für die nachfolgenden *Sustainable Development Goals* (SDG) gesetzt. Der Bericht von 2019 zum erreichten Stand der Zielerreichung der SDG zeigt zu ausgewählten Indikatoren nur marginale Verbesserungen (Armut, Mangelernährung, Gesundheit, Geschlechtergerechtigkeit, saubere Energie, gute Arbeitsbedingungen/ Wirtschaftswachstum, Klimaschutz), während er zu anderen Indikatoren gar keine Angaben macht (Bildung, Wasser

[21] Pakistan way off track on Millennium Development Goals. In The Express Tribune, 24. April 2017, Zugang am 19.04.2018 unter: https://tribune.com.pk/story/1391752/depressed-data-pakistan-way-off-track-mdgs/. Vgl. auch Salman Ali. Achieving the SDGs. In Daily Times, 17. April 2018, Zugang am 12.06.2019 unter: https://dailytimes.com.pk/228998/pakistan-achieving-the-sdgs/ und Sustainable Development: How far has Pakistan come and how far do we have to go? Special Report in: the Dawn vom 02. Oktober 2018, Zugang am 12.06.2019 unter: https://www.dawn.com/news/1360165/sustainable-development-how-far-has-pakistan-come-and-how-far-do-we-have-to-go.

[22] Pakistan fails to achieve most MDGs. In The Dawn, 24. Juni 2015, Zugang am 19.04.2018 unter: https://www.dawn.com/news/1190124.

und Sanitärversorgung, Industrie, allgemeine Ungleichheit, Schutz der Wälder).[23]

Trotz stetigen Wachstums des Bruttoinlandprodukts bis 2018[24] und gleichzeitigen Rückgangs von Armut lebten nach letzten Statistiken der Weltbank für 2015 immer noch 24,3% der Bevölkerung unterhalb der nationalen Armutsgrenze (Einkommen von ca. 3,20 US-Dollar pro Tag).[25] Aufgrund des Einbruchs des Wirtschaftswachstums ab 2019 dürften sich diese Zahlen in den letzten Jahren kaum gebessert haben. Laut *Human Development Index*, der eine Kombination von Bildung, Lebenserwartung und Lebensstandard der Bevölkerung misst, lag Pakistan in 2019 bei 0,557, was Rang 154 von 189 Ländern und Territorien weltweit entspricht, Tendenz seit dem niedrigem Niveau von 1990 steigend.[26] Die insgesamt verhalten positive Tendenz wurde allerdings schon früh durch Warnungen über gleichzeitig steigende Ungleichheit getrübt.[27]

---

23 Pakistan's Implementation of the 2030 Agenda for Sustainable Development. Voluntary National Review 2019, Zugang am 28.11.2020 unter: https://sustainabledevelopment.un.org/content/documents/233812019_06_15_VNR_2019_Pakistan_latest_version.pdf.

24 Laut Asian Development Bank stieg das GDP bis 2018 kontinuierlich von 4,1% in 2014 und 2015 auf 4,5% in 2016, 5,3% in 2017 und 5,5% in 2018. In 2019 erlebte es einen Einbruch auf 1,9%. Für 2020 wird ein Wachstum von -0,4% und für 2021 ein Wiederanstieg auf 2% prognostiziert. Asian Development Bank. Länder-Datenbank, Zugang am 25.12.2020 unter: https://www.adb.org/countries/pakistan/economy.

25 Weltbank. Poverty and Equity Brief Pakistan, April 2020. Zugang am 25.12.2020 unter: https://databank.worldbank.org/data/download/poverty/33EF03BB-9722-4AE2-ABC7-AA2972D68AFE/Global_POVEQ_PAK.pdf.

26 United Nations Development Programme. Human Development Report 2020. Briefing note for countries on the 2020 Human Development Report Pakistan. Zugang am 25.12.2020 unter: http://hdr.undp.org/sites/all/themes/hdr_theme/country-notes/PAK.pdf.

27 Rising inequality in Pakistan. In The Express Tribune vom 19.09.2017, Zugang am 19.04.2018 unter: https://tribune.com.pk/story/1509963/rising-inequality-pakistan/; Economic inequality rising in Pakistan. In The Dawn vom 30. July 2016, Zugang am 20.04.2018 unter: https://www.dawn.com/news/1274206; vgl. auch die gesamte Ausgabe des Development Advocate Pakistan 3/2, Juni 2016. Zugang am 16.04.2018 unter:

Nachdem in diesem Abschnitt ausgewählte sozio-ökonomische und ordnungspolitische Bedingungen in Pakistan beleuchtet wurden, erfolgt im nachfolgenden Abschnitt eine Zusammenführung der bisherigen zwei Betrachtungsebenen, welcher sich dem Einfluss struktureller Gegebenheiten auf politisch-kulturelle und arbeitskulturelle Haltungen widmet.

---

http://www.pk.undp.org/content/pakistan/en/home/library/hiv_aids/development-advocate-pakistan--volume-3--issue-2.html.

Sozio-ökonomische und ordnungspolitische Prägungen von politischer Kultur und Arbeitskultur in Pakistan

Die sozio-ökonomische Bedeutung der Familie in Pakistan und die Schwäche staatlicher Leistungsfähigkeit hinsichtlich gesellschaftlicher Grundfunktionen bedingen sich untrennbar gegenseitig. Beides zusammengenommen impliziert Vergesellschaftungsprozesse, die über Hierarchie- und Machtmechanismen entlang verwandtschaftlicher und/oder persönlicher Netzwerke verlaufen, inklusive entsprechender Rollenmuster und Moralvorstellungen, besonders in den Dimensionen Gender und Alter. Dagegen verläuft Vergesellschaftung in westlichen Industriegesellschaften wie Deutschland über Marktmechanismen entlang von Berufsrollen, arbeitsethischen Prinzipien und formalem Recht, die auf abstrakte Rollenträger oder abstrakte Rechtspersonen rekurrieren (Tobler ebd.).

Dabei widersprechen eine komplexe staatliche Bürokratie, nach außen hin moderne Institutionen und oberflächlich gesehen marktökonomisches Wirtschaftshandeln keineswegs dem auf Verwandtschaftsbeziehungen basierenden Vergesellschaftungsmodell. Vielmehr wurden durch Kolonialismus und ökonomische Modernisierungsprozesse in Pakistan Formen und Elemente moderner Staatlichkeit und Marktwirtschaft auf eine vormoderne Gesellschaft aufgesetzt, die nach außen hin modern erscheinen, aber in ihren inneren Funktionsweisen weitgehend den Distributions- und Tauschmodi verhaftet blieben, die die Interaktionen innerhalb und zwischen *Kinship*-Netzwerken charakterisieren.

Formales Recht, der Staat als Instanz, die dem Gemeinwohl verpflichtet ist, oder rational-bürokratische Verwaltungsverfahren blieben der pakistanischen Gesellschaft gegenüber in hohem Maße fremd und äußerlich. Vor diesem Hintergrund sind die beschriebenen sozio-ökonomischen und ordnungspolitischen Bedingungen in vieler Hinsicht prägend für Haltungen zu Recht, Staat, Verwaltungsverfahren und Arbeit in Pakistan.

Wenn im Folgenden von Haltungen gesprochen wird, sind damit weit verbreitete internalisierte Einstellungsmuster in Pakistan gemeint, die die Autorin quer durch die Gesellschaft beobachtet hat und die auch in die gebildeten und privilegierteren Mittel- und Oberschichten hineinreichten. Wo möglich und verfügbar, wurden zusätzlich zu eigenen Beobachtungen Daten aus Umfragen herangezogen.

Haltungen zum Recht

In Pakistan herrscht vielfach Unkenntnis und ebenso weit verbreitetes Misstrauen gegenüber den formalen Rechtsinstitutionen, die als schwer zugänglich, teuer, ineffizient, korrupt und als Instrument politischer und ökonomischer Interessen wahrgenommen werden (Shinwari: 2015, S. 35ff). Demgegenüber glaubt ein beträchtlicher Teil in der Bevölkerung, die prominenteste Streitschlichtungsinstitution sei die Polizei, gefolgt von informellen Mechanismen, die auf Streitschlichtung im Rahmen der Großfamilie, in der Nachbarschaft oder durch Älteste setzen (ebd., S. 90). In komplexen Fällen und in Kriminalfällen bevorzugt eine Mehrheit den Gang zu einem formellen Gericht oder zur Polizei, aber Mangel an Rechtszugang für arme und benachteiligte Gruppen, hohe Kosten, lange Anfahrtswege und sich oft über Jahre hinschleppende Verfahren schrecken viele davon ab, den formalen Rechtsweg zu beschreiten (ebd., S. 81).

In diesem Umfeld genießen Recht und Gesetz keinen vergleichbaren Stellenwert als ultimative Referenz staatlichen und gesellschaftlichen Handels wie etwa in Deutschland. Vielmehr erleben viele Menschen in Pakistan Recht und Gesetz als Regelungsinstanzen gesellschaftlichen Lebens, die nur partikular zugänglich sind, partikulare Interessen begünstigen und keine allgemeine Gültigkeit besitzen. Dies spiegelt sich in allen Beispielen zu Begegnungen mit der öffentlichen Verwaltung und mit der bewaffneten Staatsgewalt aus dem dritten Kapitel (S.16ff). Auch Beispiel b) aus dem Alltagsleben (Reparaturarbeiten an Mietimmobilien) zeigt die alltäglich gemachte Erfahrung in Pakistan, dass formales Recht und Gesetz in der Praxis oftmals nicht gelebt werden oder nicht zugänglich. Daher werden sie auch nicht als allgemeinverbindliche Maxime anerkannt und akzeptiert.

Ebenso genießen Institutionen des Justizsektors keineswegs eine vergleichbare Autorität und Glaubwürdigkeit wie in Deutschland, da Ihnen aufgrund von alltäglichen Erfahrungen politische Unabhängigkeit und die Gebundenheit an Rechenschaftspflicht vielfach abgesprochen werden. Die beispielhaft geschilderten Begegnungen mit der öffentlichen Verwaltung oder das genannte Beispiel aus einem Mietkontext reflektieren die weitgehende Abwesenheit von Rechtssicherheit im Alltag.

Wenn sich nun Menschen, die im Kontext solcher Erfahrungen mit Recht und Gesetz aufgewachsen sind, dem deutschen rechtsstaatlichen System gegenübersehen, ist zunächst naheliegend, dass sie die weitreichenden und hier als selbstverständlich angenommenen Implikationen von Rechtsstaatlichkeit weder richtig erkennen noch gänzlich verstehen können.

Hier ist zunächst das Wechselverhältnis von Rechten und Pflichten zu nennen. Als Bürger*innen, die in einem Rechtsstaat leben, nehmen wir in Deutschland Prinzipien wie gleichen Zugang zum Recht, Gleichbehandlung vor dem Gesetz, Rechtssicherheit sowie Rechtsgebundenheit und Transparenz von staatlichem Handeln als gegeben an.[28] Nur selten dringt dabei an die eigene Bewusstseins-

---

[28] Wenn in diesem Abschnitt Vergleiche zu Deutschland gezogen werden, wird hier auf Orientierungen Bezug genommen, die der Einschätzung der Autorin nach bei

oberfläche, dass mit dem Genuss dieser Prinzipien auch Pflichten der Gesetzeseinhaltung und der Regeltreue einhergehen, die von abstrakten Größen wie Gesetzen oder der Verfassung abgeleitet und weitgehend als ethische Orientierungen (Verbindlichkeit, Rechtschaffenheit, Bürgerverantwortung, Schriftgläubigkeit, etc.) internalisiert sind.

In Pakistan dagegen, wo Regeltreue vor allem im Rahmen familialer Netzwerke und konkreter Beziehungen eingefordert wird, also immer einen unmittelbaren sozialen Bezug hat, bleibt Regeltreue gegenüber abstrakten Größen wie Gesetzen oder Institutionen mittelbar, lückenhaft und äußerlich. Ethische Orientierungen verweisen hier eher auf Loyalität, Treue, soziale Reziprozität oder den Ehrenkodex.

Weiter gedacht heißt das, dass Menschen mit kultureller Prägung in Pakistan und wenig oder gar keiner Erfahrung mit dem westlichen Ausland in der Begegnung mit einer deutschen Behörde z.B. die dem Behördenhandeln zugrundliegenden ethischen Orientierungen und damit verbundenen Verhaltenserwartungen bestenfalls partiell verstehen können. Sie lernen im wohlverstandenen Eigeninteresse als Leistungsersuchende zwar schnell, dass z.B. nur striktes Einhalten von Verfahren und Vorgaben im Verwaltungsprozess zum Ziel führt. Dass Verbindlichkeit bei der Einhaltung von Terminen und Zusagen oder uneingeschränkte Offenlegung der individuellen Fallgegebenheiten eine unausgesprochene Mitwirkungspflicht ist, die sich aus der Regelgebundenheit und Gemeinwohlorientierung des Behördenhandelns ableiten, ist wohl für die wenigsten nachvollziehbar.

Auch ein Konzept wie das des Rechtsanspruchs auf bestimmte Leistungen des Staates dürfte für sie schwer verständlich sein und wird vermutlich im Lichte des islamischen Gebots der Entrichtung von Almosen an die Bedürftigen wahrscheinlich eher als wohltätige Gabe

---

einer Mehrheit weit verbreitet sind. Auf Differenzierungen der deutschen Realität, wie etwa die zwischen Ost- und Westdeutschland, Branchenbesonderheiten, Subkulturen etc. wird hier nicht näher eingegangen.

interpretiert. Umgekehrt treten pakistanische Leistungsempfänger*innen mit Verhaltensmustern und -erwartungen in die Kommunikation mit einer deutschen Behörde ein, die von der Logik des Behördenhandelns nicht erfasst werden oder dieser sogar zuwiderlaufen und wiederum von den involvierten Behördenvertreter*innen allenfalls partiell in ihrem Begründungszusammenhang verstanden werden.

Bindungen an abstraktes Recht, welches auf dem Gleichheitsgrundsatz des Individuums vor dem Gesetz fußt, sind in einer Gesellschaft, die auf Gruppenloyalitäten und den hohen Verbindlichkeiten gegenüber Gruppenmitgliedern und den damit zusammenhängenden sozialen Regeln und Verhaltensnormen basiert, nachvollziehbar schwächer ausgeprägt. Je stärker Menschen also in dieser Kultur verwurzelt sind, desto größer ist die Wahrscheinlichkeit, dass sie das rechtsstaatliche Gefüge in Deutschland nicht als umfassendes System erfassen können.

Die Gratifikationen, die das System bereithält, sind für viele punktuell erkennbar und attraktiv, aber erschließen sich für sie nicht automatisch im Lichte der damit zusammenhängenden Rechte und Pflichten. Gesetzestreue und die damit in Deutschland assoziierte Akzeptanz und Loyalität gegenüber dem gesetzlichen Regelwerk entfalten deshalb zunächst weder eine normative Bindungskraft jenseits opportunistischer Kalküle noch kann erwartet werden, dass Konformität mit deutschen Regeln und Werten mit der Zeit automatisch zur internalisierten Verhaltensrichtlinie heranreift. So kann das Verhältnis gegenüber dem deutschen Staat als Leistungsgeber im günstigen Falle von Konformität aus Dankbarkeit getragen sein, im weniger günstigen Fall von einem Vorteil erheischenden Opportunismus.

Die Herausbildung eines Selbstverständnisses als Bürger*in und Akteur*in, der/die sich in einem System von Rechten und Pflichten bewegt und innerhalb dessen systemkonform agiert, benötigt zum einen Zeit. Es wird aber erst substanziell aufwachsen können, wenn eigene Beiträge zu diesem System in Form von Arbeit und Steuern und die dadurch gewonnenen individuellen Vorteile in Form von Konsum oder erweiterten Handlungsoptionen konkret erfahrbar werden.

Wo deutsche Rechtsgrundsätze den sozialen Regel- und Normensystemen aus Pakistan widersprechen, wie beispielsweise mit Blick auf die Rolle von Frauen oder individuelle Freiheiten, können viele Menschen aus Pakistan leicht in ein Dilemma geraten. Auf der einen Seite erleben und wissen sie, dass es bei uns „anders" ist als in ihrer Herkunftskultur und können in der Regel auch gut mit parallelen Maßstäben umgehen; zuweilen finden sie sogar Facetten davon attraktiv. Auf der anderen Seite fallen unsere ausgesprochenen und unausgesprochenen Kommunikations- und Verhaltensmuster auf internalisierte Wahrnehmungsraster, die Gefühle verursachen. Das Verhalten deutscher Kolleg*innen oder Behördenvertreter*innen wird dann leicht als „respektlos", „unsensibel", „gefühlskalt" oder schlicht „ungehörig" und „rüde" perzipiert. Dies kann Misstrauen, Ressentiments, Ärger, Ablehnung, Gefühle von Unverstandensein bzw. Zurückweisung, Fremdheit und Verunsicherung nach sich ziehen.

Verwandtschaftliche bzw. persönliche Beziehungen erfüllen in Pakistan, wie die Beispiele im dritten Kapitel gezeigt haben, gewissermaßen viele der Funktionen, die in Deutschland durch das Recht und abstrakte Kodizes übernommen werden. Daher kann es für Arbeitnehmer*innen oder Schutzsuchende aus Pakistan besonders schwierig werden, wenn die im Heimatland üblichen und funktionierenden Mechanismen des Beziehungsaufbaus und der Beziehungspflege in Deutschland ins Leere laufen.

In Deutschland würde z.B. als gute professionelle Arbeitsbeziehung gelten, wenn Interaktionen in erster Linie über die funktionalen Schnittstellen und Rollen definiert werden, wobei der Umgang aufmerksam, offen, freundlich, aber meist sachbezogen bleibt. Hierbei können durchaus auch persönliche und private Aspekte mit einfließen oder eine Arbeitsbeziehung auch außerhalb der Arbeitszeit gepflegt werden, aber die Grenzen zwischen Berufs- und Privatleben sind in aller Regel klar gezogen. In Pakistan dagegen sind die Grenzen zwischen Berufs- und Arbeitsleben viel durchlässiger. Vor allem aber werden Arbeitsbeziehungen nicht primär entlang der funktionalen Schnittstellen und Rollen ausgestaltet, sondern sind von persönlichen Netzwerken überlagert, die quer zu funktional arbeitsteiligen Kriterien liegen können.

Versuche pakistanischer Arbeitnehmer*innen in einem beruflichen Kontext in Deutschland, etwa im Rahmen eines Teams oder eines Behördenkontakts vergleichbare persönliche Beziehungen aufzubauen, könnten in Deutschland zu Irritationen führen und als unprofessionelles Überschreiten der Grenze zum Privaten gedeutet werden. Umgekehrt werden pakistanische Arbeitnehmer*innen aufgrund des Fehlens persönlicher Beziehungen in einem neuen Arbeitsteam wahrscheinlich sehr zurückhaltend agieren, auch wenn sie ihre professionelle Rolle beherrschen, weil sie die deutsche Arbeitsumgebung als unfreundlich und kalt empfinden und ihnen die persönlichen Netzwerke auf der Arbeit fehlen.

Haltungen zum Staat

Mangelndes Vertrauen in Recht und Gesetz verweist auf übergeordneter Ebene auf das Staatsverständnis insgesamt. Fragile Staatlichkeit, wie sie oben für Pakistan erläutert wurde, hat sehr wahrscheinlich erhebliche Auswirkungen auf das Staatsverständnis und das subjektive Verhältnis von dort lebenden Individuen zum Staat. Das Erleben eines schwachen Staates, der vor allem Patronagenetzwerke bedient und im Alltagsleben der meisten Menschen kaum positiv erfahrbar ist, lässt den Staat als eine zwar relevante, aber nicht dominierende gesellschaftliche Ordnungsgröße erscheinen. In einem Umfeld, das über weite Strecken wenig oder gar keine staatlichen Dienstleistungen erhält, in dem die Rechts- und

Sicherheitsfunktion des Staates brüchig und seine politische Ordnungsfunktion schwach sind, bilden Menschen aller Wahrscheinlichkeit nach ein ambivalentes, eher von Utilitarismus und Misstrauen geprägtes Staatsverständnis aus.

Zunächst erscheint in diesem Kontext der Staat nicht als zentraler Dreh- und Angelpunkt gesellschaftlichen Funktionierens, der wie in Deutschland dem Gemeinwohl verpflichtet ist, sondern als ein wirkmächtiger Akteur neben anderen mit Eigeninteressen. Wenn der Staat keine Gemeinwohlorientierung beanspruchen kann, sind die Loyalitäten und die Folgebereitschaft gegenüber seinen Manifestationen (staatliches Gewaltmonopol, Rechtssystem, politisches Ordnungsmodell, etc.) notwendig schwächer ausgeprägt. Menschen leisten ihnen Folge entweder aus partikularem Nutzen oder aus partikularem Zwang heraus. Die Möglichkeit partikularen Nutzens stärkt Erwartungen und Hoffnungen an paternalistische Zuwendungen des Staates, derer man sich jedoch nicht gewiss sein kann.

So begründet sich staatliche Autorität in so einem Kontext aus partikularen Gratifikationen und/oder partikularen Vorteilen, die er einräumt, jedoch nicht primär aus Recht, Gesetz und einem regelgerechten Verfahren der politischen Legitimierung (Wahlen). In den im dritten Kapital beschriebenen Beispielen von Begegnungen mit der öffentlichen Verwaltung wurde herausgestellt, wie unkalkulierbar der Erhalt staatlicher Dienstleistungen ist, auf die theoretisch ein Rechtsanspruch besteht. Daher lässt sich gut nachvollziehen, wie Bedarfsträger*innen gegenüber staatlichen Stellen Ohnmacht erleben, dass sie den Staat nicht als gemeinwohl-orientierten Akteur wahrnehmen und dass sie zu Kompensationsmaßnahmen greifen, um die Chance auf Erhalt einer gewünschten Dienstleistung zu erhöhen.

Neben den Alltagserfahrungen mit fragiler Staatlichkeit dürften auch die oben beschriebenen sozialen Strukturen in Pakistan Haltungen zum Staat beeinflussen. Die umfassende Rolle der Familie als

Schutz-, Versorgungs- und Distributionsgemeinschaft sowie ökonomische Kerneinheit der Gesellschaft weist den Staat gewissermaßen in die zweite Reihe, weil die Familie die meisten Funktionen erfüllt, die in Deutschland überwiegend der Staat wahrnimmt. Weit über die sozio-ökonomische Bedeutung der Familie hinaus sind *Biraderis* in Pakistan zudem eine treibende und formende politische Kraft in Pakistan. Politische Konsensfindung passiert hier über ausgehandelte Kompromisse und das Prinzip des „Lebens und Lebenlassens". Während in Deutschland der Staat als Garant für individuelle Freiheit und politischen Pluralismus fungiert, verleiht in Pakistan das ausgehandelte Gleichgewicht zwischen zugleich kooperierenden und konkurrierenden familialen Netzwerken und *Biraderis* der Gesellschaft Stabilität. (Lieven ebd., S. 38ff)

Besonders dramatisch dürfte sich zudem die Erfahrung eines brüchigen staatlichen Gewaltmonopols auswirken. Vertrauen in und Akzeptanz des staatlichen Gewaltmonopols bedeutet nicht nur eine Kanalisierung legitimen gewaltsamen Handelns zugunsten von Justiz, Polizei und Militär. Dort wo das Gewaltmonopol des Staates gegeben ist, entlastet es auch Individuen und Gruppen von der Last der allseitigen Verteidigungs- und Abwehrfähigkeit zum Schutz der eigenen Interessen, der potenziell immer auch den Einsatz des Lebens erfordern kann. Die Auswirkungen, die ein höherer Grad an Existenzialität in sozialen Interaktionen auf Haltungen zum Staat mit sich bringt (weil das Risiko größer ist, dass im sozialen oder ökonomischen Konfliktfall das eigene Leben auf dem Spiel steht), können hier nur vermutet werden. Es liegt nahe anzunehmen, dass sie generell die Neigung zu Militanz, also die Bereitschaft zum Einsatz von Gewalt zur Durchsetzung von Interessen erhöhen, dass sie Tendenzen zur Selbstjustiz begünstigen und die Loyalitäten gegenüber familialen Netzwerken aufgrund ihrer Schutzfunktion noch verstärken. Mangels staatlichen Schutzes besinnen sich Menschen mit hoher Wahrscheinlichkeit auf sich selbst und/oder jene Netzwerke, die ihnen Schutz gewähren.

All die beschriebenen Faktoren münden mit großer Wahrscheinlichkeit insgesamt in einem weit verbreiteten Staatsverständnis in Pakistan, das den Staat als etwas der Gesellschaft eher Äußerliches, Fremdes und in einigen Facetten auch Bedrohliches erscheinen lässt. Zudem erscheint er in mancher Hinsicht verzichtbar, da er hinsichtlich der gesellschaftlichen Grundfunktionen kaum attraktivere Leistungen anbietet als die tradierten Mechanismen. Das Vorhandensein einer kleinen, liberaleren Bildungselite in Politik, Wirtschaft, Medien und Kultur, die fast ausnahmslos im Ausland ausgebildet wurde, die auf den internationalen normativen *mainstream* im politischen Diskurs wie *good governance, gender equality,* Demokratie, Partizipation, etc. rekurriert und die auf Entwicklung über die Stärkung staatlicher Institutionen setzt, darf darüber nicht hinwegtäuschen.

Vor diesem Hintergrund dürfte sich die staatliche Orientierung am Gemeinwohl in Deutschland für Migrant*innen und Schutzsuchende aus Pakistan nicht ohne weiteres erschließen. Dem Gemeinwohl ist in Deutschland nicht nur der Staat verpflichtet, sondern es spielt als Leitidee oder ethisches Prinzip auch in vielen Bereichen des gesellschaftlichen Lebens (Wirtschaft, soziale Dienste, Vereine, Kunst und Kultur, etc.) eine wichtige Rolle. Das Pendant zum deutschen Gemeinwohldenken ist in Pakistan, sofern überhaupt vergleichbar, die Orientierung am Schutz der Familie.

Das in Pakistan vorherrschende Staatsverständnis kann außerdem zu Missverständnissen bei Begegnungen von pakistanischen Arbeitnehmer*innen oder Schutzsuchenden mit der deutschen Bürokratie führen. Vor allem das mangelnde Verständnis der Rechtsgebundenheit und Gemeinwohlorientierung deutschen Behördenhandelns auf Seiten der Schutzsuchenden führt u.U. zu personalisierten Fehldeutungen. Wenn erwartete Leistungen aufgrund des Nichtvorliegens der entsprechenden Voraussetzungen nicht erfolgen, kann - im Lichte der Erfahrungen mit staatlichem Handeln in Pakistan – leicht irrtümlich gefolgert werden, es handele sich hier um eine persönliche Zurückweisung, ein bewusstes

Vorenthalten oder sogar um eine bewusst motivierte Ausgrenzung aus rassistischen, religiösen oder sonstigen Motiven.

Haltungen zu Verwaltungsverfahren

Haltungen zu Verwaltungsverfahren sind in Deutschland maßgeblich geprägt vom Weber'schen Bürokratiemodell als Verkörperung rationaler, rechtsbasierter Herrschaft. Prinzipien wie Regelgebundenheit, Gleichbehandlung, Transparenz und Rechenschaftspflichtigkeit des Amtshandelns, Amtsdisziplin und -hierarchie, Schrift- und Aktenbasiertheit der Amtsführung, Kompetenz und Fachqualifikation des Personals, Rekrutierung nach Qualifikationskriterien, etc. sind in Deutschland so selbstverständlich, dass sie nur wenigen als Prinzipien des Verwaltungshandelns bewusst sind. Neben diesen weitgehend verinnerlichten Annahmen über den Charakter von Amtshandeln in Deutschland werden Haltungen beeinflusst von der Kenntnis und dem Verständnis des Ablaufs von Prozeduren, von dem Vertrauen in ihre Gerechtigkeit, Verlässlichkeit und Rechtmäßigkeit, von dem impliziten Verhältnis zum Staat und nicht zuletzt von dem erwarteten Nutzen für das Individuum.

In Pakistan sind bürokratische Prinzipien mit der britischen Kolonialherrschaft eingeführt worden, aber aufgrund der kolonialen Machtverhältnisse und fehlender sozio-ökonomischer Bedingungen hat der Aspekt der Rationalität des Staatshandelns kaum Wurzeln geschlagen. Stattdessen wurde Bürokratie auf den Herrschaftsaspekt, d.h. Macht, Disziplin, Hierarchie und starre Regeln, verkürzt. Auch in Pakistan sind Verwaltungsverfahren regelgebunden und basieren auf Gesetzen. Ihre gesetzestreue Einhaltung erfolgt aber nicht immer konsequent und ist vielfach gebrochen bzw. überlagert durch Auslegungen oder Anwendungen, die im persönlichen Ermessen von Vertreter*innen der staatlichen Verwaltung liegen. Verwaltungsverfahren sind daher in Pakistan nicht mit rationalem und legalem Amtshandeln assoziiert, sondern eher mit einer Bürokratie, die mit intransparenten Verfahren oft partikularen Interessen folgt.

Vor diesem Erfahrungshintergrund dürfte es den meisten Migrant*innen oder Schutzsuchenden aus Pakistan schwer fallen sich vorzustellen, dass Verwaltungsverfahren in Deutschland unabhängig von der persönlichen Beziehung zu den Sachbearbeitenden rechtmäßig, ordnungsgemäß, diskriminierungsfrei und verlässlich abgewickelt werden (siehe die Beispiele im dritten Kapitel zur Begegnung mit der öffentlichen Verwaltung). Dies trifft sehr wahrscheinlich umso mehr zu, je stärker sie sich im unmittelbaren Behördenkontakt verunsichert und in der Defensive fühlen und je stärker die Behördenkommunikationssituation ohnehin durch gegenseitige Missverständnisse und mangelndes Vertrauen belastet ist.

Kenntnis und Verständnis deutscher Verwaltungsverfahren und der zugrundeliegenden Rationalität kann bei Migrant*innen und Schutzsuchenden aus Pakistan kaum vorausgesetzt werden. In der Behördenbegegnung erleben sich Bürger*innen in Pakistan eher als ohnmächtiges Objekt staatlichen Handelns denn als mit Rechten und Pflichten ausgestattetes Subjekt gegenüber dem Staat. Wo eher gedeihliche Beziehungen zu Behördenvertreter*innen aufzubauen sind, um dem eigenen Anliegen zum Erfolg zu verhelfen, erscheinen vertiefte Kenntnis und Verständnis behördlicher Verfahren nicht notwendig, da sie ohnehin als opak und auf legalem Wege kaum beeinflussbar gelten.

Dazu kommen sozio-ökonomisch geprägte patriarchale Muster und ausgeprägtes Statusdenken in Pakistan, die den Zugang zum Verständnis rational-bürokratischer deutscher Verwaltungsverfahren erschweren. So erfordert es etwa von einem traditionell orientierten älteren männlichen Familienoberhaupt viel Toleranz, wenn er einer jüngeren weiblichen Behördenvertreterin Rede und Antwort stehen muss und sich subjektiv deren Entscheidungsmacht ausgeliefert fühlt. Umgekehrt stellt es eine große Herausforderung für den/die deutsche/n Behördenvertreter*in dar, wenn z.B. weibliche Leistungsersuchende nicht selber sprechen, sondern die Kommunikation ausschließlich über ihre männlichen Begleiter läuft.

Mangelndes Vertrauen, dass die eigenen Belange gerecht und rechtmäßig behandelt werden, gepaart mit mangelnder Kenntnis der Verfahren und mit tradierten normativ-kulturellen Prägungen, kann sich dann zu unkooperativem Verhalten bei Migrant*innen oder Schutzsuchenden steigern, sei es unabsichtlich oder als Haltung. Dies kann eine negative Dynamik in Gang setzen, weil es Verwaltungsverfahren verlangsamt, die ungewisse Situation für die Schutzsuchenden damit weiter verlängert, womit sich die Chance für unkooperatives Verhalten weiter erhöht.

Arbeitsethische Haltungen

Viele Prinzipien rationalen bürokratischen Handelns gelten in Deutschland auch in der Wirtschaft in abgewandelter Form. Z.B. ist Vertragstreue in der Wirtschaftswelt, was Rechenschaftspflicht in der Verwaltungswelt bedeutet. Oder die Regelgebundenheit des Verwaltungshandelns findet in Standardisierungen und normbasierten Zertifizierungen in der Wirtschaft ihr Pendant. Letztlich wird in beiden Welten auf Recht und Gesetz rekurriert. Daher ist nur folgerichtig, dass sich in Deutschland auch im Wirtschaftsleben zum z.T. ähnliche arbeitsethische Haltungen herausgebildet haben wie in der Verwaltung.

Dazu gehören zum einen normative Orientierungen wie z.B. Regeltreue, Sach- und Fachgerechtigkeit, Professionalität oder Gleichbehandlung. Zum anderen umfassen sie prozedurale bzw. organisationale Orientierungen wie Arbeitsteiligkeit, Spezialisierung oder funktionale Hierarchien. Die arbeitsethischen Haltungen in der Verwaltungs- wie auch in der Wirtschaftswelt in Deutschland sind zudem beeinflusst von der calvinistischen Arbeitsethik mit ihrer Betonung von Fleiß, Effizienz und Erfolg.

In Pakistan dagegen sind die für Deutschland beschriebenen Prinzipien bürokratischen wie auch wirtschaftlichen Handelns in der Praxis nur rudimentär anzutreffen und in fast allen Fällen mehr oder minder stark von der Logik von *Kinship*-Beziehungen überlagert. Demzufolge sind daher sowohl die o.g. normativen als auch die prozeduralen bzw. organisationalen arbeitsethischen Orientierungen deutlich schwächer ausgeprägt als in Deutschland. In den meisten Fällen werden sie überlagert von Orientierungen, die in familialen Netzwerkbeziehungen ihren Ursprung haben – Informalität statt institutionalisierter Regelhaftigkeit, Orientierung an konkreten Beziehungen statt an funktionalen Rollen, Identifizierung mit einer Gruppe statt einer Aufgabe, Bestreben nach Integration ins Team statt individueller Profilierung, Assoziation von Führung mit Macht und Status statt mit Gestaltung und strategischem Handeln, persönliche Loyalität statt individuelle Verantwortung.

Persönliche Beziehungen unterscheiden sich von generischen Beziehungen, welche sich aus marktbasierten (Käufer*in und Verkäufer*in), funktionalen (arbeitsteilig spezialisierte Aufgabenträger*in) oder kodifizierten (Vertragspartner*in) Rollen-zuschreibungen ableiten. Sie sind immer exklusiv und nicht generisch, d.h. sie beziehen sich immer nur auf das konkrete Individuum mit seinen/ihren konkreten sozialen Bezügen und sind nicht übertragbar. Dagegen treten sich Menschen im Kontext marktbasierter, funktionaler oder kodifizierter Rollenzuschreibungen nicht primär als Individuen, sondern als Rollenträger*innen gegenüber.

Das Verhalten im Rahmen dieser Rollenzuschreibungen wird dementsprechend in hohem Maße von den jeweiligen Kodizes bestimmt, die für die Rollenkontexte gelten. So wird z.B. das Verhalten als Angestellt*e/Vorgesezt*e oder Vertragspartner*in in Deutschland in stärkerem Maße durch die Regeln und Kodizes der jeweiligen Branche oder des jeweiligen Unternehmens bestimmt als durch persönliche Beziehungen. Umgekehrt sind in Pakistan die Verhaltenserwartungen, die an generische Rollen geknüpft werden, vergleichsweise schwach kodifiziert und die persönliche Ebene entscheidet maßgeblich über den Charakter der Arbeits- oder Geschäftsbeziehung.

Die Schilderungen von Begegnungen mit der öffentlichen Verwaltung wie auch aus dem Lebensalltag und aus der Arbeitswelt im dritten Kapitel demonstrieren, wie weit verbreitet diese arbeitsethischen Haltungen in Pakistan sind. Pakistanische Arbeitsnehmer*innen in Deutschland dürften vor diesem Hintergrund vor allem durch die unterschiedlichen arbeitsethischen Orientierungen herausgefordert sein, weniger durch Qualifikationsanforderungen. Vor allem der zentrale Stellenwert von Berufsidentität und Arbeit in Deutschland könnte vor einem pakistanischen Sozialisationshintergrund einseitig leistungsorientiert, übertrieben streng und erdrückend erscheinen.

Schlussfolgerungen

Ausgangspunkt dieser Arbeit waren kommunikative Herausforderungen, die in alltäglichen Arbeitskontakten mit Migrant*innen und Schutzsuchenden häufig auftauchen. Hierbei wurde angenommen, dass diese Kommunikationsschwierigkeiten u.a. in Haltungen auf beiden Seiten begründet sind, die durch sozioökonomische und ordnungspolitische Prägungen von Kultur, besonders politischer Kultur und Arbeitskultur, geformt sind. Diese Annahme wurde am Beispiel Pakistans als Arbeitshypothese wie folgt konkretisiert: Basierend auf sozio-ökonomischen und ordnungspolitischen Prägungen, erschweren politisch-kulturelle und arbeitskulturelle Haltungen von Migrant*innen und Schutzsuchenden aus Pakistan deren Verständnis, Orientierung und Handlungskompetenz im deutschen Arbeitskontext.

Die Untersuchung war in drei aufeinander aufbauenden Schritten angelegt. Eingangs wurden Alltagsbeispiele aus der persönlichen Begegnung der Autorin mit der öffentlichen Verwaltung, mit der bewaffneten Staatsgewalt sowie aus dem Lebens- und Arbeitsalltag in Pakistan beschrieben und auf verallgemeinerbare Muster hin untersucht. Dem wurden in einem zweiten Schritt ausgewählte sozioökonomische (Rolle der Familie, normative Muster) und ordnungspolitische (Pakistan als fragiler Staat) Bedingungen in Pakistan gegenübergestellt und mit Bedingungen in Deutschland ins Verhältnis gesetzt. In einem dritten Schritt wurde aus der Zusammenschau der ersten beiden Schritte auf politische Kultur und Arbeitskultur in Pakistan geschlossen. Schließlich wurden mögliche Auswirkungen von Haltungen zu Recht, Staat, Verwaltungsverfahren und Arbeitsethik in Pakistan auf die Begegnungen pakistanischer Migrant*innen und Schutzsuchender mit der deutschen Arbeitswelt bzw. mit deutschen Behörden reflektiert. Am Beispiel Pakistans und mit vergleichendem Blick auf Deutschland wurde zu zeigen versucht, wie sozio-ökonomische und ordnungspolitische Bedingungen politisch-kulturelle und arbeitskulturelle Haltungen prägen. Im Folgenden werden zunächst Folgerungen für die leitende Frage nach den sozio-ökonomischen und ordnungspolitischen Prägungen von Kultur gezogen.

Kulturelle Orientierungen als Funktion sozio-ökonomischer und ordnungspolitischer Gegebenheiten

Zunächst einmal sensibilisiert das Beispiel Pakistan dafür, dass kulturelle Unterschiede nicht einfach als internalisierte Perzeptionen und tradierte Verhaltensmuster gegeben, sondern auch das Ergebnis unterschiedlicher struktureller Bedingungen sind. Das Andersartige erscheint somit als etwas, das zwar fremd, aber einer anderen Rationalität folgend dennoch nachvollziehbar ist. Auf diese Weise kann kulturelle Andersartigkeit nicht nur toleriert, sondern auch bis zu einem gewissen Grad verstanden werden.

So kann beispielsweise „gelernt“ werden, dass in anderen Ländern eine Präferenz für persönliche, informelle Beziehungsmuster auch in der Arbeitswelt besteht. Ein solchermaßen angelerntes Wissen führt im besten Falle zur Toleranz der Unterschiede, nicht aber zum Verständnis, warum das so ist. Es bietet auch keinen Anknüpfungspunkt für den eigenen Erfahrungshintergrund. Wenn nun die Präferenz für persönliche und informelle Beziehungsmuster als Funktion der sozio-ökonomischen und ordnungspolitischen Gegebenheiten eines Landes erkannt wird, also gewissermaßen als Überlebensvorteil oder sogar als Überlebensnotwendigkeit, kann sie leichter verstanden und zum eigenen System ins Verhältnis gesetzt werden.

Die funktionale Perspektive bietet zwei entscheidende Vorteile. Sie erleichtert erstens einen Anknüpfungspunkt zum eigenen Lebensumfeld. Ich kann fremde Werte und Haltungen aus meinem Kontext heraus normativ ablehnen. Wenn ich aber in dem andersartigen sozio-ökonomischen und ordnungspolitischen Umfeld aufgewachsen wäre, würde ich mich aus reinem Überlebensinteresse heraus sehr wahrscheinlich genauso orientieren und verhalten. Die Orientierung der Kollegin oder des Klienten an konkreten Beziehungen statt an Regeln bzw. funktionalen Rollen mag dann im konkreten Fall immer noch befremdlich sein oder zu Konflikten führen. Die fremden Orientierungen und Verhaltensweisen relativieren sich aber, wenn sie in ihrem funktionalen Herkunftskontext gesehen werden können. Damit werden sie auch leichter überbrückbar, weil ein Diskurs über sozio-ökonomische und ordnungspolitische Gegebenheiten leichter ist als über Werte und Normen.

Zweitens sind sozio-ökonomische und ordnungspolitische Bedingungen Veränderungen unterworfen. Während z.B. *Kinship*-Netzwerke unter spezifischen Bedingungen ein Überlebensvorteil sind, verliert ihre Bedeutung, wenn gesellschaftliche Grundfunktionen vermehrt in die Verantwortung staatlicher oder privater Institutionen übergehen. Damit ist implizit auch gesagt, dass mit dem Wandel sozio-ökonomischer und ordnungspolitischer Gegebenheiten auch die funktionale Bedeutung damit verknüpfter kultureller Orientierungen und somit auch ihre Stabilität nachlassen kann. Ein Beispiel dafür ist die Abkehr von einem Bild der Frau, die ins Heim und an den Herd gehört. Die zunehmende Akzeptanz in Nordamerika und Europa von Frauen in fast allen Berufszweigen und in Führungspositionen entwickelte sich im Zuge veränderter Anforderungen der Wirtschaft, wachsender Chancen von Frauen auf dem Arbeitsmarkt und steigender Qualifikationen von Frauen nach dem Zweiten Weltkrieg.

Zwar verändern sich kulturelle Orientierungen nur langsam und sie können auch über Veränderungen der strukturellen Gegebenheiten in der Gesellschaft hinweg erhebliches Beharrungsvermögen zeigen.

Auch können kulturelle Orientierungen normativ adressiert und damit langfristig verändert werden. Das komplexe kausale Zusammenspiel von ökonomischem, politischem, sozialem und kulturellem Wandel entzieht sich bisher unserem umfassenden Verständnis.[29] Das Beispiel Pakistan legt aber nahe, dass eine tiefreichende Veränderung kultureller Orientierungen langfristig unwahrscheinlich ist, solange diese einen Überlebensvorteil unter spezifischen sozio-ökonomischen und ordnungspolitischen Bedingungen bieten.

Die funktionale Perspektive auf Kultur als Sozialisations- und Qualifizierungsfunktion einer Gesellschaft verweist also darauf, dass kulturelle Orientierungen nicht beliebig austauschbar oder historisch zufällig entstanden sind. Die Wertvorstellungen, Verhaltensmuster und Kompetenzen einer Gesellschaft müssen mit der Art und Weise, in der die anderen gesellschaftlichen Grundfunktionen konkret ausgestaltet sind, zumindest kompatibel sein. Die Modalitäten, wie biologische und ökonomische Reproduktion sowie die Organisation und Verteilung von Arbeit, Ressourcen und Wohlstand in einer Gesellschaft organisiert sind und wie bindende Entscheidungen getroffen, Recht gesprochen und durchgesetzt werden, erfordern also kulturelle Orientierungen, die diese sozio-ökonomischen und ordnungspolitischen Bedingungen im besten Fall unterstützen, diesen zumindest aber nicht zuwiderlaufen.

Wenn es um Ansatzpunkte zum besseren Umgang mit kulturellen Unterschieden im Arbeitsalltag geht, ist es daher erforderlich, den Blick nicht nur auf die verhaltenssoziologischen und kommunikativen Ausprägungsformen von Kultur zu richten, sondern auch auf ihre sozio-ökonomischen und ordnungspolitischen Funktions-

---

[29] Die Frage nach dem komplexen kausalen Zusammenwirken von ökonomischem, politischem, sozialem und kulturellem Wandel ist Gegenstand interdisziplinärer wissenschaftlicher Diskurse unter den Stichworten „Modernisierung", „funktionale Differenzierung" u.a., die ab den 1960er Jahren geführt werden, ohne dass sich bisher ein konsistentes theoretisches Erklärungsmodell durchgesetzt hätte. Für eine knappe Zusammenfassung dieser Diskurse siehe Detlef Pollack (2016).

bedingungen. Das führt uns zu interkulturellen Schulungen und Fortbildungen als dem wichtigsten Instrument, das Unternehmen und Behörden zur Verfügung steht, um interkulturelle Herausforderungen innerhalb der eigenen Belegschaft oder mit ihrer Kundschaft bzw. Klientel zu adressieren.

Sozio-ökonomische und ordnungspolitische Prägungen von Kultur in interkulturellen Fortbildungen

Interkulturelle Fortbildungen für Unternehmen und Behörden decken heute vielfältige didaktische Herangehensweisen, Kulturkonzepte sowie Themen ab und unterscheiden sich in Anspruchsniveau und Inhaltstiefe. Die Mehrzahl aber enthält mindestens folgende Elemente: 1. Konzeptionelle Grundlagen (Kulturbegriff, Selbst- und Fremdwahrnehmung); 2. Besonderheiten und Herausforderungen interkultureller Kommunikationssituationen, meist anhand von Fallbeispielen; 3. Reflexion der eigenen Erfahrungen und Perzeptionen in interkulturellen Begegnungen im Berufsalltag. Seit längerem wird dabei von der reinen Wissensvermittlung *über* andere Kulturen Abstand genommen zugunsten einer Sensibilisierung für den Aushandlungscharakter kultureller Deutungs- und Verhaltensmuster. Statt der Vermittlung von Kenntnissen über vermeintlich statische Muster und Strukturen der Klienten- bzw. Zielgruppenkulturen wird zunehmend auf die Stärkung der selbstreflexiven Kompetenzen gesetzt und damit für die dynamische und interaktive Seite von Kultur sensibilisiert.

Interkulturelle Fortbildungskonzeptionen bewegen sich dabei auf einem schmalen Grat. Zum einen müssen sie zum Zwecke der Orientierung notwendig Vereinfachungen durch generalisierende Aussagen vornehmen, ohne dabei in die Stereotypisierung abzugleiten. Zum anderen dürfen sie sich aber auch nicht aus Angst vor festschreibender Verallgemeinerung in subjektiven Einzelfall-perspektiven verlieren, wenn sie Handlungskompetenz und -orientierung vermitteln wollen (vgl. Bolten 2013 ebd.).

Dies ist besonders schwierig für die Behandlung von sozio-ökonomischen und ordnungspolitischen Einflussfaktoren auf Kultur und deren Prägekraft für Haltungen zu Recht, Staat, Verwaltungs-verfahren und Arbeitsethik. Dieses Thema spannt einen großen Bogen von Strukturfaktoren (sozio-ökonomische und ordnungs-politische Kontexte) hin zu Haltungen, die hochgradig subjektiv und empirisch schwer nachzuweisen sind. Damit trägt es zusätzlich zu den Herausforderungen durch die *Fuzzyness* (Verschwommenheit) (Bolten ebd.) von Kultur zu einer weiteren Komplexität des Gegenstandes bei. Zudem sind mit diesem Thema vielfach unbewusste Grundannahmen auch über das eigene sozio-ökonomische und ordnungspolitische System verknüpft, deren Bewusstmachung und Analyse hohe inhaltliche und methodische Anforderungen an Trainer*innen, aber auch die Teilnehmenden stellen. Nicht zuletzt benötigt die vergleichende Perspektive viel Zeit und Reflexionsraum, was den Rahmen vieler Schulungen überschreitet. Die Vermittlung von vergleichenden Kenntnissen über sozio-ökonomische und ordnungspolitische Entstehungskontexte und wie diese politisch-kulturelle und arbeitskulturelle Haltungen prägen, bleibt deshalb in interkulturellen Schulungen und Fortbildungen in aller Regel ausgespart.

Ein besseres Verständnis von eigenen und fremden sozio-ökonomisch und ordnungspolitisch begründeten Haltungen könnte aber mit Hilfe eines vergleichenden Blicks auf deren Funktionskontext das Potenzial für Verständigungshindernisse, Missverständnisse und Konflikte senken. Damit bestehen höhere Chancen in beruflichen Begegnungen mit Schutzsuchenden oder Menschen mit Migrations-hintergrund, Brücken zu bauen und produktiv zu interagieren. Daher lohnt der Aufwand für spezifische Zielgruppen, diesen Aspekt trotz der genannten Herausforderungen in interkulturellen Schulungen abzubilden.

Ergänzung bestehender Fortbildungen

Das Thema sozio-ökonomischer und ordnungspolitischer Prägungen von Kultur ist, wie bereits angedeutet, anspruchsvoll. Nicht jede interkulturelle Fortbildung kann und muss es ausführlich behandeln. Ohne bestehende Fortbildungskonzeptionen allzu aufwändig zu überarbeiten und deren zeitliche Grenzen zu überschreiten, lässt sich jedoch eine funktionale Perspektive auf Kultur durch gezielte Fragen und Beispiele mühelos einbauen. Dies erfordert zwar etwas Vorbereitung von den Trainer*innen, um passende Fragen und Beispiele parat zu haben, kann aber in die Diskussion einfließen, ohne als gesonderter Programmpunkt aufgenommen zu werden.

Wenn z.B. das Gespräch auf fremd erscheinende Verhaltensmuster kommt, könnte der/die Trainer*in fragen, warum sich diese Verhaltensmuster wohl in ihren Herkunftskulturen so entwickelt haben. Hier könnten dann Beispiele eingespielt werden, die die Funktion einer Verhaltensweise in einem anderen kulturellen Kontext erklärt, etwa die primäre Orientierung an persönlichen Beziehungen und Netzwerken in Gesellschaften, in denen Familien wesentliche gesellschaftliche Grundfunktionen übernehmen. Umgekehrt könnten die Teilnehmenden auch anhand von Beispielen dafür sensibilisiert werden, dass deutsche Gepflogenheiten keine allgemeine Norm darstellen, sondern Ergebnis ganz spezifischer sozio-ökonomischer und ordnungspolitischer Gegebenheiten sind. Z.B. könnte erläutert werden, dass in Deutschland Berufsrollen (statt persönliche Netzwerke) maßgeblich die Identität als Gesellschaftsmitglieder beeinflussen, weil die Zuteilung von Status und Einkommen wesentlich über den Arbeitsmarkt geregelt wird (und nicht über die Zugehörigkeit zu einer Ethnie, Kaste oder einem Clan).

Mit diesem Vorgehen werden Zusammenhänge angedeutet und eine Reflexion über die Funktion kultureller Muster angeregt. Damit erhalten Teilnehmende interkultureller Fortbildungen zwar kein vertieftes und systematisches Verständnis über den Zusammenhang von strukturellen Gegebenheiten und Kultur. Sie lernen aber, dass Kulturen nicht einfach nur unterschiedlich sind, sondern dass kulturelle Eigenheiten ihrer eigenen Rationalität folgen: Was „bei uns“ unpassend erscheint oder sogar gängigen Werten widerspricht, bietet in einem anderen sozio-ökonomischen und ordnungspolitischen Kontext einen Überlebensvorteil, ist daher sinnvoll und allgemein akzeptiert. Während über gegensätzliche Werte nur schwer diskutiert werden kann, lassen sich gegenseitiges Verständnis und Anknüpfungspunkte entwickeln, wenn die Unterschiedlichkeit der Herkunftssysteme mit in den Blick genommen wird, selbst wenn das nur kursorisch anhand von Beispielen geschieht.

Vertiefendes Vorgehen in vier Schritten

Für Unternehmen und Behörden, die mit interkulturellen Schulungen ausführlicher in die Thematik einsteigen wollen, wird ein didaktisches Vorgehen in vier aufeinander aufbauenden Schritten vorgeschlagen. Dieses Vorgehen ist an den Argumentationsgang angelehnt, mit dem das Beispiel Pakistan oben untersucht wurde.

Der Einstieg in dieses komplexe Thema sollte aus einer Perspektive mit hohem „Zoomfaktor“ geschehen, also von subjektiven Erlebnissen ausgehen. Dabei können persönliche interkulturelle Erfahrungen und Beobachtungen aus dem Lebens- und Arbeitsalltag in den betreffenden Herkunftsländern von Schutzsuchenden bzw. Migrant*innen oder aus interkulturellen Begegnungen im deutschen Lebens- und Arbeitsalltag einen guten Abholpunkt bilden. Mit Vorsicht (Stereotypisierungsgefahr!) und sofern möglich, können sodann aus den Einzelsituationen Muster herausgearbeitet werden, die subjektiv als „typisch“ empfunden werden. Ziel dieses Schrittes ist es, möglichst basierend auf eigenen Erfahrungen das Vertraute wie auch das Fremde in den gewählten Begegnungssituationen herauszuarbeiten und zu benennen.

Im zweiten Schritt erfolgt ein Perspektivwechsel hin zu einer hohen Aggregationsebene mit niedrigem „Zoomfaktor“. Hier werden zunächst die sozio-ökonomischen und ordnungspolitischen Rahmenbedingungen der jeweiligen Herkunftsländer untersucht und mit denen in Deutschland verglichen. Den Teilnehmenden werden hierzu zwei Analyseraster an die Hand gegeben. Zum einen lernen sie mit dem Modell basaler gesellschaftlicher Grundfunktionen (siehe oben) sozio-ökonomische und ordnungspolitische Bedingungen in Deutschland und in den betreffenden Herkunftsländern von Schutzsuchenden oder Migrant*innen einzuordnen und zu vergleichen. Zum anderen hilft das Modell staatlicher Kernfunktionen (siehe oben) dabei, insbesondere ordnungspolitische Bedingungen vergleichend zu analysieren. Dieser Schritt hat zum Ziel, für die Besonderheiten des eigenen Herkunftssystems zu sensibilisieren und auf das vermeintlich Selbstverständliche des eigenen Lebensumfelds, das meist unbewusst als gegeben hingenommen wird, einen Blick von außen zu werfen.

Der dritte Schritt verknüpft die beiden vorangehenden Betrachtungsperspektiven, indem von den identifizierten sozio-ökonomischen und ordnungspolitischen Bedingungen auf politisch-kulturelle und arbeitskulturelle Haltungen geschlossen wird, die sich wiederum in den eingangs aufgeführten Begegnungen spiegeln. In diesem Schritt wird der Bogen von subjektiven Alltagserfahrungen über die distanzierte Analyse struktureller Gegebenheiten hin zum empathischen Hineinversetzen in eine andere Welt erweitert. Hierzu werden die eingangs identifizierten Alltagssituationen nochmal hinsichtlich der ihnen zugrundeliegenden Haltungen betrachtet. Diese Haltungen können im Lichte der vorangegangenen sozio-ökonomischen und ordnungspolitischen Bestandsaufname leichter erkannt und erklärt werden. Dabei helfen folgende Fragestellungen, den Blick auf die Funktionalität der identifizierten Haltungen zu schärfen: Wobei helfen die Haltungen den Menschen in dem beschriebenen Lebensumfeld? Was würde passieren, wenn sich Menschen in diesem Lebensumfeld an anderen, von außen kommenden Haltungen orientieren würden?

Teilnehmende sollen sich mit diesem Schritt gedanklich in die Perspektive von Menschen begeben, die unter anderen sozio-ökonomischen und ordnungspolitischen Rahmenbedingungen als sie selber aufwuchsen oder leben. Dieser Schritt ist besonders anspruchsvoll, weil er das Imaginieren eines sozio-ökonomischen und ordnungspolitischen Umfeldes erfordert, das für die Teilnehmenden u.U. nicht nur schwer vorstellbar ist, sondern auch mit Ablehnung oder Angst belegt sein könnte. Dafür liegt in diesem Schritt aber auch der größte potenzielle Erkenntnisgewinn, denn er bringt die Teilnehmenden dazu sich zu vorzustellen, wie sie selber unter anderen Umständen fühlen, denken und handeln würden.

Methodisch kann dieser Schritt z.B. mit Hilfe von systemischen Aufstellungen und anderen systemischen Tools, Rollenspielen oder (mit großem Aufwand) auch szenarbasierten Simulationen unterstützt werden. Ziel des dritten Schrittes ist zu verstehen, dass das, was die Teilnehmenden in interkulturellen Begegnungen als irritierend oder fremd empfinden, im jeweiligen Herkunftssystem ein konventionelles und vor allem rationales Verhalten darstellt. Sie sollen sich in eine fremde Lebenswelt einfühlen lernen.

Im vierten und letzten Schritt versetzen sich die Teilnehmenden gedanklich in ihren eigenen beruflichen Alltag und die interkulturellen Begegnungen, die sie dort erleben. Aufbauend auf den mehrfachen Perspektivwechseln und den dort gewonnenen Erkenntnissen sollte es ihnen nun leichter fallen, sich in die Sichtweisen ihrer Kolleg*innen oder Klientel hineinzuversetzen und zu verstehen, warum es in spezifischen Situationen zu Reibungspunkten oder Missverständnissen kommt. Dieses Verständnis kann ihnen einerseits helfen, ihre eigenen Wahrnehmungsschemata kritisch zu überprüfen. Andererseits können sie mit der so gewonnenen größeren emotionalen Distanz Strategien entwickeln, um mit diesen Situationen für sich besser umzugehen, in den Dialog zu treten und ggf. auf Vereinbarungen für den Umgang mit diesen Situationen hinzuarbeiten.

In allen vier Schritten wird der vergleichende Bezug zur eigenen Kultur, zu den eigenen sozio-ökonomischen und ordnungspolitischen Rahmenbedingungen und zu den eigenen Haltungen hergestellt. Wichtig ist hierbei, dass der Vergleich immer wieder auf die systemische Ebene zurückgeführt wird, um ein Abgleiten und Verharren des Vergleichs auf der emotional-normativen Ebene („besser" oder „schlechter") zu verhindern.

Zielgruppen und Anwendungsoptionen

Das hier vorgeschlagene Vorgehen ist fraglos komplex, zeitintensiv und intellektuell sehr anspruchsvoll. Es eignet sich daher sicher nicht für jedes interkulturelle Schulungskonzept und auch nicht für jede Klientel. Für Firmen und Behörden aber, die langfristig mit Schutzsuchenden oder Migrant*innen zusammenarbeiten, die überwiegend aus einer Region oder aus ein oder zwei spezifischen Ländern kommen, kann sich der Aufwand lohnen, in die Tiefe der jeweiligen Landesbesonderheiten einzusteigen. Der Ansatz ist außerdem nur für Teilnehmende empfohlen, die kognitiv und mental in der Lage sind, zwischen den verschiedenen Betrachtungsstandpunkten hin- und herzuwechseln und die eine grundlegende Offenheit und Bereitschaft mitbringen, sich in andere Perspektiven hineinzudenken und zu -fühlen.

Der Ansatz kann bestehende Schulungskonzeptionen um anderthalb oder zwei Tage erweitern. Er kann aber auch als eigenständige Schulung von zwei bis drei Tagen angelegt werden. In jedem Fall erfordert sie von Trainer*innen gründliche Vorbereitung und Kenntnisse über das jeweilige Land. Ein Grundverständnis sozialwissenschaftlicher Begrifflichkeiten und Modelle wäre von Vorteil, ist aber nicht zwingend.

Mehrwert des vorgeschlagenen Vorgehens

Wer sich für diesen anspruchswollen Weg entscheidet, hat drei entscheidende Vorteile. Erstens wird durch den viermaligen Perspektivwechsel die Stereotypisierungsfalle umgangen. Mit der Abfrage persönlicher Erfahrungen und Wahrnehmungen im ersten Schritt wird bewusst die Möglichkeit eingeräumt, bestehende Wahrnehmungen ungefiltert einzubringen. Dass hierbei mit hoher Wahrscheinlichkeit auch Befremden oder Stereotype geäußert werden, ist gewollt und sollte nicht unterbunden werden. In diesem Schritt wird das herausgestellt, was als fremdartig empfunden wird. Dem werden in zweiten Schritt die systemischen Bedingungen und Erfordernisse gegenübergestellt, aus denen sich die fremden Verhaltensmuster erklären. Vor allem der dritte Schritt wirkt der Stereotypisierung entgegen, weil die Teilnehmenden hier imaginieren, wie sie selber in einem anderen System fühlen und agieren würden. Während also in Schritt 1 und 2 noch die Möglichkeit besteht, sich pauschalierend abzugrenzen von dem „Anderen", versperrt der dritte Schritt diese Option, indem die Teilnehmenden für einen Moment selber in die Haut von Menschen aus anderen Ländern schlüpfen. Schritt 4 nutzt diesen veränderten Standpunkt, um einen Blick von außen auf das eigene System und seine Selbstverständlichkeiten im konkreten Berufsalltag zu werfen.

Zweitens wird die Ambiguitätstoleranz gefördert. Das vorgeschlagene Vorgehen wird Fremdheit, Irritationen und Gefühle von Angst oder Ablehnung, die in interkulturellen beruflichen Begegnungen kaum vermeidbar sind, keineswegs auflösen. Durch die Kombination von individueller Prozessperspektive und Strukturperspektive in den vier Schritten können aber ein Verständnis und ein Blick auf kulturelle Unterschiede entstehen, mit denen Teilnehmende solche Unterschiede im Berufsalltag besser aushalten und tolerieren können. Ambiguitätstoleranz wiederum erhöht die Chance, dass sie bessere Umgangsmechanismen mit kulturellen Unterschieden entwickeln können und macht sie weniger anfällig für Stereotypisierungen.

Tobler spricht in ähnlichem Kontext von ‚binokularem Sehen'. Binokulares Sehen „erlaubt, die fremde und die eigene Kultur erstens von innen heraus (...) zu beschreiben. Binokulares Sehen ist gleichzeitig die Voraussetzung dafür, dass das Entweder-oder der kulturspezifischen Perspektiven in die transkulturelle Optik des Sowohl-als-auch aufgelöst werden kann: Wir vermögen so (...) beide Kulturen von außen (zu) sehen und die transkulturellen Gemeinsamkeiten (zu) entdecken" (Tobler, ohne Jahreszahlangabe). Diese Perspektive wurde hier im Sinne der *Fuzzyness* von Kultur, die nicht mit der Gegenüberstellung des Entweder-oder oder des Sowohl-als-auch erschöpfend erfasst werden kann (Bolten 2013 ebd.), durch ein „quadrinokulares" Sehen erweitert, das nicht nur zwischen den Betrachtungswinkeln, sondern zugleich auch zwischen den Betrachtungsflughöhen dynamisch wechselt.

Schließlich begünstigen die Perspektivwechsel sowie szenarbasierte oder systemische Methoden die Einbeziehung der emotionalen Wahrnehmungsebene der Teilnehmenden. Damit können tiefer sitzende Einsichten und Aha-Effekte erzeugt werden, die im Rahmen herkömmlicher Schulungsmethoden nur schwer zu erreichen sind.

Schlussbemerkungen

Die Perspektive auf Pakistan in diesem Buch stellt eine in hohem Maße subjektive Interpretation aus einer deutschen Sicht dar, die jedoch darum bemüht ist, die eigenen Grundannahmen transparent und damit diskursfähig zu machen. Zudem basierte die Argumentationsführung mangels einschlägiger Daten und Zahlen in weiten Teilen auf persönlichen Beobachtungen und Erfahrungen der Autorin. Vor allem wo Aussagen über den Zusammenhang zwischen sozio-ökonomischen und ordnungspolitischen Bedingungen auf der einen und politisch-kulturellen sowie arbeitskulturellen Haltungen auf der anderen Seite getroffen wurden, konnten sich diese vielfach nicht auf empirische Datenreihen oder Forschungen mit ähnlichen Fragestellungen abstützen. Das verleiht dieser Arbeit einen explorativen Charakter. Die Autorin hofft, dass die hier aufgeworfenen Fragen und Hypothesen eine Inspiration für weitergehende Forschungen bieten.

Literatur

Akhtar, Madiha (2019). Society: What's a woman like you doing in a joint like this? In The Dawn, 05. März 2019. Zugang am 22.12.220 unter: https://www.dawn.com/news/1467209.

Ali, Salman (2018). Achieving the SDGs. In Daily Times, 17. April 2018. Zugang am 12.06.2019 unter: https://dailytimes.com.pk/228998/pakistan-achieving-the-sdgs/.

Aziz, Mazhar (2008). Military Control in Pakistan. The parallel state. London, New York: Routledge. Zugang am 29.05.2018 unter: https://books.google.de/books?id=FuPfooVvD48C&pg=PA83&lpg=PA83&dq=perceptions+pakistan+military&source=bl&ots=vG1NqC0lgZ&sig=CfdihND6WRd4AH2jKJ5cqvjblj0&hl=de&sa=X&ved=0ahUKEwjQzbH99LTbAhXMjCwKHcW9AnIQ6AEIVjAG#v=onepage&q=perceptions%20pakistan%20military&f=false.

Beck, Ulrich; Beck-Gernsheim, Elisabeth (Hrsg.) (1994). Riskante Freiheiten. Individualisierung in modernen Gesellschaften. Berlin: Edition Suhrkamp.

Bertelsmann Stiftung. Pakistan Country Report 2020. BTI Transformation Index. Zugang am 20.08.2020 unter: https://www.bti-project.org/content/en/downloads/reports/country_report_2020_PAK.pdf.

Bolten, Jürgen (2009). Kultur als historisch vermittelte Reziprozitätsdynamik. In Strohschneider, S. / Heimann, R. (Hrsg.). Kultur und sicheres Handeln. Frankfurt/Main: Verlag für Polizeiwissenschaft (Schriftenreihe der Plattform Menschen in komplexen Arbeitswelten e.V.), S. 239-256.

Bolten, Jürgen (2013). Konsequenzen eines offenen und mehrwertigen Kulturbegriffs für Konzeptualisierungen interkultureller Personalentwicklungsmaßnahmen. In Mondial. Sietar Journal für interkulturelle Perspektiven, S. 4-10.

Bolten, Jürgen (2016a). Einführung in die Interkulturelle Wirtschaftskommunikation, 2. Auflage. Göttingen: Vandenhoeck & Ruprecht.

Bolten, Jürgen (2016b). Foliensatz zur Vorlesungsreihe Kulturanthropologie und interkulturelles Consulting. Thema 08, Titelfolie: Kultur als offene Netzwerke konventionalisierter Reziprozitätsdynamiken: Interdependenzen und 3D-Vernetzungen.

Bolten, Jürgen (2016c). Foliensatz zur Vorlesungsreihe Kulturanthropologie und interkulturelles Consulting. Thema 03: Kultur als offene Netzwerke konventionalisierter Reziprozitätsdynamiken: Soziale Reziprozität.

Center for Insights in Survey Research. National Survey of Public Opinion in Pakistan. Im Auftrag des International Republican Institute, November 1-22 2018. Zugang am 20.08.2019 unter: https://www.iri.org/sites/default/files/2019.3.14_pakistan_poll.pdf.

Channa, Anila Ahsan (2015). Four Essays on Education, Caste and Collective Action in Rural Pakistan. The London School of Economics and Political Science. Thesis submitted to the Department of International Development of the London School of Economics for the degree of Doctor of Philosophy, London, March 2015. Zugang am 30.01.2018 unter: http://etheses.lse.ac.uk/3305/1/Channa_Four%20Essays_on_education.pdf.

Chaudhry, Abid Ghafoor; Ahmed, Aftab (2014). Biradari's Function and Significance. An Anthropological Study of Gender Opinions, Lahore: Sci.Int, 26(4), S. 1863-1865. Zugang am

05.02.2018 unter: http://www.sci-int.com/pdf/1898633241863-1865-BIRADARI.....pdf.

Development Advocate Pakistan 3/2, Juni 2016. Zugang am 16.04.2018 unter: http://www.pk.undp.org/content/pakistan/en/home/library/hiv_aids/development-advocate-pakistan--volume-3--issue-2.html.

Economic inequality rising in Pakistan. In The Dawn, 30. July 2016. Zugang am 20.04.2018 unter: https://www.dawn.com/news/1274206.

Elahi, Manzar; Haider, Sajjad (2017). Overwhelming majority of Pakistanis want democracy, trust Armed Forces. Jang-Geo News Poll, 23. November 2017. Zugang am 19.08.2019 unter: https://www.geo.tv/latest/168956-overwhelming-majority-of-pakistanis-want-democracy-trust-armed-forces-survey.

Gazdar, Haris (2007). Class, Caste or Race: Veils over Social Oppression in Pakistan. In Economic and Political Weekly, January 13, 2007, S. 86-88. Zugang am 15.01.2018 unter: http://www.researchcollective.org/Documents/Class_Caste_or_Race.pdf.

Human Rights Commission of Pakistan. Pakistan 2019 Human Rights Report. Zugang am 22.12.2020 unter https://www.state.gov/wp-content/uploads/2020/03/PAKISTAN-2019-HUMAN-RIGHTS-REPORT.pdf

Human Rights Watch. Länderbericht Pakistan. Zugang am 22.12.2020 unter: https://www.hrw.org/world-report/2020/country-chapters/pakistan.

Human Rights Watch. This Crooked System. Police Abuse and Reform in Pakistan, 26. September 2016. Zugang am 30.05.2018 unter: https://www.hrw.org/report/2016/09/26/crooked-system/police-abuse-and-reform-pakistan.

Imtiaz, Shakeel Ahmad (2013). A Study on the Civil Service Structure, Civil Servants Training and an Overview of National Commission of Government Reforms in Pakistan. Support to Good Governance Programme funded by BMZ and implemented by GIZ. Islamabad .

Khan, Waqas A. (2017). Joint family system in Pakistan Part-1. In Pakistan Today, 15. November 2017. Zugang am 20.08.2019 unter: https://www.pakistantoday.com.pk/2017/11/15/joint-family-system-in-pakistan-part-1/.

Lieven, Anatol (2012). Pakistan. A Hard Country. London: Penguin Books.

Marriage. A looser knot. Special Report. The Economist, 25 November 2017.

Pakistan fails to achieve most MDGs. In The Dawn, 24. Juni 2015. Zugang am 19.04.2018 unter: https://www.dawn.com/news/1190124.

Pakistan National Human Development Report 2017, United Nations Development Programme. Zugang am 15.07.2019 unter: https://www.undp.org/content/dam/pakistan/docs/HDR/NHDR_Summary%202017%20Final.pdf.

Pakistan way off track on Millennium Development Goals. In The Express Tribune, 24. April 2017. Zugang am 19.04.2018 unter: https://tribune.com.pk/story/1391752/depressed-data-pakistan-way-off-track-mdgs/.

Pakistan's Implementation of the 2030 Agenda for Sustainable Development. Voluntary National Review, 2019. Zugang am 25.12.2020 unter: https://sustainabledevelopment.un.org/content/documents/233812019_06_15_VNR_2019_Pakistan_latest_version.pdf.

Pollack, Detlef (2016). Modernisierungstheorie – revised: Entwurf einer Theorie moderner Gesellschaften. Zeitschrift für Soziologie, 45(4), S. 219-240.

Poverty and Equity Brief Pakistan, April 2020. Weltbank. Zugang am 25.12.2020 unter: https://databank.worldbank.org/data/download/poverty/33EF03BB-9722-4AE2-ABC7-AA2972D68AFE/Global_POVEQ_PAK.pdf.

Reckwitz, Andreas (2019). Das Ende der Illusionen. Politik, Ökonomie und Kultur in der Spätmoderne. Berlin: Suhrkamp.

Rising inequality in Pakistan. In The Express Tribune, 19.09.2017. Zugang am 19.04.2018 unter: https://tribune.com.pk/story/1509963/rising-inequality-pakistan/.

Schmidt, Günter; Treiber, Hubert (1975). Bürokratie und Politik. Zur Struktur und Funktion der Ministerialbürokratie in der Bundesrepublik Deutschland. München: Wilhelm Fink Verlag.

Schneckener, Ulrich (2004). States at Risk – Zur Analyse fragiler Staatlichkeit. SWP-Studie. Berlin: Stiftung Wissenschaft und Politik.

Shinwari, Naveed Ahmad (2015). Understanding the informal justice system: Opportunities and possibilities for legal pluralism in Pakistan. Community Appraisal & Motivation Programme (CAMP).

Social Policy and Development Centre. Social Development in Pakistan. Annual Review 2001. Karachi. Zugang am 28.01.2018 unter: http://www.spdc.org.pk/Data/Publication/PDF/AR-4.pdf.

Sustainable Development. How far has Pakistan come and how far do we have to go? Special Report. In The Dawn, 02. Oktober 2018. Zugang am 12.06.2019 unter: https://www.dawn.com/news/1360165/sustainable-development-how-far-has-pakistan-come-and-how-far-do-we-have-to-go.

Tobler, Verena (2001). Stolpersteine der interkulturellen Behördenkommunikation. In Riehle, E. (Hrsg.).

Interkulturelle Kompetenz in der Verwaltung. Wiesbaden: Springer VS, 49–82.

Tobler, Verena. Interkulturelle Irritationen und binokulares Sehen. Arbeitsblätter. Zugang am 07.06.2019 unter: www.http://kernkultur.ch/resources/Instrumente/Irritationen-Binokulares-Sehen.pdf.

Two-thirds of Pakistan prefers joint family system, The Express Tribune, 06. Oktober 2010, Zugang am 15.08.2019 unter: https://tribune.com.pk/story/59309/two-thirds-of-pakistan-prefers-joint-family-system/.

United Nations Development Programme. Human Development Report 2020. Briefing note for countries on the 2020 Human Development Report Pakistan. Zugang am 25.12.2020 unter: http://hdr.undp.org/sites/all/themes/hdr_theme/country-notes/PAK.pdf.

World Economic Forum. Gloabl Gender Gap Report 2020. Zugang am 22.12.2020 unter: http://www3.weforum.org/docs/WEF_GGGR_2020.pdf.

Yosuf, Naila (2015). Examining Citizen's Confidence in Institutions of Pakistan: An Analysis of Citizen's Trust. In International Journal of Academic Research in Business and Social Sciences, 5(5), Zugang am 19.08.2019 unter: http://hrmars.com/hrmars_papers/Examining_Citizen's_Confidence_in_Institutions_of_Pakistan_An_Analysis_of_Citizen's_Trust.pdf.

Über die Autorin

In ihrem persönlichen wie auch beruflichen Werdegang ist Dr. Fouzieh Melanie Alamir eine Grenzgängerin zwischen Kulturen, Organisationen und Handlungsfeldern. Nach dem Studium der Politikwissenschaften arbeitete sie in Forschung und Lehre, bevor sie ab 2002 in verschiedenen Funktionen und Organisationen an den Schnittstellen zwischen Außen-, Sicherheits- und Entwicklungspolitik tätig war. In diesem Zusammenhang hat sie zahlreiche Arbeitserfahrungen in Asien, Afrika und in den USA gesammelt, u.a. vier Jahre in Pakistan. Frau Alamir ist Autorin von Büchern und zahlreichen Beiträgen in deutschen und internationalen Fachjournalen.

Das Thema des Managements von Veränderungen zieht sich wie ein roter Faden durch die verschiedenen Arbeitsfelder von Frau Alamir. In ihrer Arbeit auf dem Feld der Sicherheits- und Verteidigungspolitik hat sie sich besonders mit Ansätzen internationalen Krisen- und Konfliktmanagements befasst. In der Entwicklungszusammenarbeit erweiterte sie ihre Perspektive auf Aspekte des sozialen und institutionellen Wandels von Gesellschaften. Im Zuge der langjährigen Beratungstätigkeit in internationalen Krisen- und Entwicklungskontexten sowie mit der Ausbildung zur interkulturellen Change Managerin und zum systemischen Coach hat sie ihren Fokus zunehmend auch auf Veränderungsprozesse in Organisationen und Unternehmen gerichtet.

Neben ihrer fortgesetzten Beratungstätigkeit in außen-, sicherheits- und entwicklungspolitischen Kontexten arbeitet Frau Alamir heute als Beraterin und Coach für Führungskräfte von Organisationen und Unternehmen. Hierbei beschäftigt sie sich vor allem mit Schnittstellenmanagement sowie Führungs-, Kooperations- und Organisationskultur. (siehe auch: www.facetoface-solutions.de)

Printed by Books on Demand GmbH, Norderstedt / Germany